新发展理念
是新时代经济工作的根本指针

马建堂 著

人民出版社

出版说明

　　面对国外复杂的政治经济环境和国内发展阶段、发展条件的深刻变化，习近平总书记统筹把握中华民族伟大复兴战略全局和世界百年未有之大变局，就建设什么样的社会主义现代化强国、怎样建设社会主义现代化强国等重大发展课题，提出了一系列原创性的新理念新思想新战略，明确必须坚持以人民为中心的发展思想，贯彻创新协调绿色开放共享的新发展理念，推动经济发展质量变革、效率变革、动力变革。为深入学习领会、坚决贯彻落实习近平总书记的这些重要论述，作为党领导下的新型高端智库的主要负责人，我在国务院发展研究中心有关同志的协助下，发表了一批学习和宣传文章。承蒙人民出版社的支持，现将有关部分文章结集出版，供大家参考和指正。

马建堂

2021 年 12 月

目　录

完整准确全面把握新发展阶段
贯彻新发展理念　构建新发展格局

以习近平同志为核心的党中央在领导全国人民接续奋斗、胜利完成全面建成小康社会这一中华民族划时代的历史任务基础上，正在带领我们乘势而上，开启建设社会主义现代化强国的新征程。实现党确立的第二个百年奋斗目标、实现中华民族伟大复兴的中国梦，必须完整、准确、全面学习和理解以人民为中心的新发展理念，真正自觉和始终做到立足新发展阶段、贯彻新发展理念、构建新发展格局。

一、准确把握新发展阶段

我国经济社会的发展过程与党的历史密不可分。学习理解新发展阶段，不仅要从我国现代化建设经历的阶段说起，更要从党的百年奋斗史说起。

（一）党和国家经历的历史时期和社会主义现代化建设的不同阶段

中国共产党的百年奋斗史可以划分为四个历史时期。第一个历史时期是1921—1949年的新民主主义革命时期。这一时期，中国共产党开天辟地完成救国大业。1921年7月23日，中国共产党第一次全国代表大会召开，中国共产党正式成立，这是开天辟地的大事变。习近平总书记在庆祝中国共产党成立95周年大会上指出，在这一时期，我们党团结带领中国人民进行了28年的浴血奋战，打败日本帝国主义，推翻国民党反动统治，完成新民主主义革命，建立了中华人民共和国。这段话高度概括了这一时期对于党和民族的重要意义。

第二个历史时期是1949—1978年的社会主义革命和建设时期。这一时期，中国共产党改天换地完成兴国大业。通过对农业、手工业和资本主义工商业的社会主义改造，奠定了社会主义的基本经济制度，同时也在进行社会主义现代化建设的探索。新中国成立之初，我国面临的国际国内形势异常艰难和复杂。在现代化建设方面，虽有一些小规模的消费品工业，但重工业几乎是空白。1956年我国社会主义改造完成后，开始进行社会主义建设，取得了巨大的成就，创造了无数个"第一"：生产出第一辆汽车、第一台拖拉机、第一架飞机、第一艘核潜艇，制造出第一颗原子弹、第一颗人造卫星、第一颗氢弹等，并且在世界上首次人工合成牛胰岛素、首次培育成功强优势籼型杂交水稻……

习近平总书记对这一时期给予充分的评价：我们党团结带领人民"完成了中华民族有史以来最为广泛而深刻的社会变革，为当代中国一切发展进步奠定了根本政治前提和制度基础，为中国发展富强、中国人民生活富裕奠定了坚实基础"。

第三个历史时期是1978—2012年的改革开放和社会主义现代化建设新时期。这一时期，中国共产党翻天覆地推进富国大业。以邓小平同志为核心的党的第二代中央领导集体，深刻总结了中国社会主义建设正反两方面的经验教训，解放思想，实事求是，作出把党和国家的工作重心转移到经济建设上来、实行改革开放的历史性决策，确立了"三步走"的发展战略。科学回答了建设中国特色社会主义的一系列基本问题，成功开创了中国特色社会主义。以江泽民同志为核心的党的第三代中央领导集体、以胡锦涛同志为总书记的党中央相继开创了社会主义现代化建设和全面改革开放新局面，在全面建设小康社会的伟大实践中，坚持和发展中国特色社会主义，使我国成为18世纪工业革命以来继英国、美国、日本、德国之后的"世界工厂"，并于2010年跨入上中等收入国家的行列。习近平总书记指出："我们党团结带领中国人民进行改革开放新的伟大革命……这一伟大历史贡献的意义在于，开辟了中国特色社会主义道路，形成了中国特色社会主义理论体系，确立了中国特色社会主义制度，使中国赶上了时代，实现了中国人民从站起来到富起来、强起来的伟大飞跃。"

第四个历史时期是 2012 年以来的中国特色社会主义新时代。这一时期，中国共产党惊天动地实现强国大业。以习近平同志为核心的党中央从理论和实践结合上，深刻回答了新时代坚持和发展什么样的中国特色社会主义、怎样坚持和发展中国特色社会主义这个重大时代课题，创立了习近平新时代中国特色社会主义思想。政治上，我国坚定不移全面加强党对一切工作的领导，全面从严治党成效卓著，党的凝聚力、战斗力、领导力、号召力大大增强。经济上，我国已经成为世界第二大经济体、第一大工业国、第一大货物贸易国、第一大外汇储备国，对世界经济增长的贡献率达 30% 左右。建成世界上规模最大的社会保障体系，基本医疗保险覆盖超过 13 亿人，基本养老保险覆盖近 10 亿人。随着经济社会的发展，人民生活水平显著提高，中等收入群体超过 4 亿人，居民平均预期寿命从新中国成立之初的 35 岁提高到 77.3 岁。脱贫攻坚成果举世瞩目，8 年来现行标准下农村贫困人口 9899 万人全部脱贫，全国 832 个贫困县全部摘帽。中国共产党在中国特色社会主义新时代团结带领中国人民迎来中华民族从富起来到强起来的伟大飞跃，迎来实现中华民族伟大复兴的光明前景。

新中国成立后，以毛泽东同志为核心的党的第一代中央领导集体，明确了"四个现代化"发展目标。1953 年，党和国家提出了过渡时期总路线：在一个相当长的时期内，逐步实现国家的社会主义工业化，并逐步实现国家对农业、手工业和资本主义工商业的社会主义改造。这一改造仅用了3年时间就基本完成，奠定了社会主义的基本经济制度。1960年，毛主席第一次完整地表达了"四个现代化"的思想，即"建设社会主义，原来要求是工业现代化、农业现代化、科学文化现代化，现在要加上国防现代化"。1964年第三届全国人大第一次会议，周恩来总理所作的政府工作报告确立了分两步走实现现代化的战略构想。

1976年粉碎"四人帮"后，中国的社会主义事业开始迈入一个新的发展阶段。以邓小平同志为核心的党的第二代中央领导集体，提出"三步走"战略。1982年9月，党的十二大正式提出到20世纪末使人民生活达到小康水平，并提出"逐步实现工业、农业、国防和科学技术现代化，把我国建设成为高度文明、高度民主的社会主义国家"。1987年10月，党的十三大明确而系统地阐述了"三步走"的发展战略。第一步是1981—1990年，国民生产总值比1980年翻一番，解决人民的温饱问题。第二步是1991年到20世纪末，国民生产总值再翻一番，人民生活达到小康水平。第三步是到21世纪中叶，人均国民生产总值达到中等发达国家水平，人民生活比较富裕，基本实现现代化。其中第一步、第二步隔了10年，第三步大约50年。

到了世纪之交，我国超额完成了"三步走"战略中的第一步和第二步。1997年9月，党的十五大提出"新三步走"战略，对2000年以后的50年，即"三步走"战略中的第三步，又规划了三小步，做了进一步明确和细分，并首次提出"两个一百年"

目标。新三小步的第一步是2001—2010年实现国民生产总值比2000年翻一番，使人民的小康生活更加富裕，形成比较完善的社会主义市场经济体制。第二步是到建党100年时，使国民经济更加发展，各项制度更加完善。第三步是到建国100年时，基本实现现代化，建成富强民主文明的社会主义国家。

2017年10月，党的十九大高瞻远瞩地对全面建成小康社会后的30年作出了"两个15年"的战略安排。第一个阶段是2020—2035年，在全面建成小康社会的基础上，再奋斗15年，基本实现社会主义现代化；第二个阶段是2035年到本世纪中叶，在基本实现现代化的基础上，再奋斗15年，把我国建成富强民主文明和谐美丽的社会主义现代化强国。

新发展阶段，就是全面建成小康社会后，开启社会主义现代化国家建设新征程的阶段；就是在实现第一个百年目标后，向着第二个百年目标进军的阶段；就是从建党100周年到建国100周年的阶段。

（二）全面建成小康社会为我国进入新发展阶段奠定了坚实基础

改革开放取得了伟大的历史性成就，我国经济实力跃上新台阶，为国家进入新发展阶段奠定了坚实的物质基础。从GDP来看，1978年中国的GDP只有3679亿元，人均GDP不足200美元。而2019年和2020年，我国人均GDP都超过了1万美元。从城镇化率来看，我国的城镇化率从1978年的不到18%发展到

2021 年的超过 60%。根据第七次人口普查的数据，截至 2020 年 11 月 1 日，城镇常住人口约占总人口的 63.8%，历史上这一比例第一次超过 63%。农业劳动力比重也是衡量现代化进程的重要指标，1978 年，我国 70% 的劳动力在农村，至去年这一比例降到 25% 左右。

全面建成小康社会，标志着绝对贫困这个困扰我国几千年的历史性难题得到解决，这是我国进入新发展阶段的另外一个重要基础。我国 7 亿贫困人口脱贫对世界减贫事业的贡献率大于 70%；人均预期寿命达 77.3 岁，2019 年人类发展指数为 0.761；居民收入基尼系数 0.465，城乡居民可支配收入之比为 2.64，人均 GDP 最高的省份与最低的省份之比为 5.0。

党的十八届三中全会确立的全面深化改革任务总体完成，社会主义市场经济的基础性制度框架基本确立，为推动形成系统完备、科学规范、运行有效的制度体系，为各方面制度更加定型奠定了坚实基础。党的十八届三中全会以来，我们已形成高标准市场体系、开放型经济新体制、区域协调发展机制、科技创新体制机制、城乡融合发展体制、生态文明制度框架等基础性制度体系。

进入新发展阶段，离不开党的十八大以来形成的新的党的创新理论。习近平总书记关于坚持以人民为中心的发展思想坚持了马克思主义政治经济学的根本立场，是不忘初心的体现，是中国特色社会主义现代化建设的思想基础。习近平总书记强调，发展为了人民，人民对美好生活的向往就是我们的奋斗目标，让老百姓过上好日子是我们一切工作的出发点和落脚点；发展依靠人民，人民才是历史的创造者，群众才是真正的英雄，人民群众是我们力量的源泉；发展成果由人民共享，国家建设是全体人民共同的事业，国家发展过程也是全体人民共享成果的过程。

（三）新发展阶段的任务是全面建设社会主义现代化国家，实现具有中国特色、符合中国实际的社会主义现代化

我国进入新发展阶段后的主要目标是全面建设社会主义现代化国家。我国的现代化具有以下几个鲜明特点：

一是在中国共产党坚强领导下实现的现代化。中国共产党的领导地位是经过长期斗争考验形成的，是历史的必然、人民的选择，是社会主义现代化建设的需要。中国共产党是我们社会主义现代化事业的坚强领导核心，中国的现代化是中国共产党坚强领导下实现的现代化。我们党对现代化建设既有科学的理论设计和制度安排，又带领人民艰苦奋斗，向着伟大目标不断开拓前行。中国共产党的坚强领导是实现社会主义现代化的根本保证，坚持党的领导才能保证社会主义现代化建设的正确方向，并统一全国人民实现社会主义现代化的意志和行动，为社会主义现代化建设开创新局面。

二是人口规模巨大的现代化。根据第七次人口普查数据，我国人口为141178万，占全球人口的18.6%。中国实现现代化，意味着世界上近1/5的人口一举迈进现代化序列，这将极大地改

变现代化世界的版图，对世界产生极为深远而广泛的影响。

三是全体人民共同富裕的现代化。共同富裕是社会主义现代化的本质要求。习近平总书记指出："我们追求的发展是造福人民的发展，我们追求的富裕是全体人民共同富裕。"党的十九届五中全会在 2035 年基本实现社会主义现代化远景目标中提出："全体人民共同富裕取得更为明显的实质性进展"，在改善人民生活品质部分突出强调"扎实推动共同富裕"。

四是物质文明和精神文明相协调的现代化。文明是现代化国家的显著标志。现代化固然是由科技创新引领、生产力发展奠基，但人类走向现代化的进程不是仅有生产力一个维度，而是一场物质文明与精神文明全方位发展的文明变革。物质文明和精神文明是相辅相成、协调发展的，物质文明是精神文明的物质基础，精神文明是物质文明的科学文化条件和思想条件。

五是人与自然和谐共生的现代化。习近平总书记指出，我们要建设的现代化是人与自然和谐共生的现代化，既要创造更多物质财富和精神财富以满足人民日益增长的美好生活需要，也要提供更多优质生态产品以满足人民日益增长的优美生态环境需要。党的十九大报告将"生态环境根本好转，美丽中国目标基本实现"作为基本实现社会主义现代化的重要目标之一。党的十九届五中全会对建设美丽中国作出更为详尽的战略部署，提出更为明确的具体要求，把"广泛形成绿色生产生活方式，碳排放达峰后稳中有降，生态环境根本好转，美丽中国建设目标基本实现"作为到 2035 年基本实现社会主义现代化的远景目标之一。

六是走和平发展道路的现代化。中国的和平发展道路是人类追求文明进步的一条全新道路。中华民族历来崇尚和平，中华文化历来强调以和为贵的价值观念。我们高举和平、发展、合作、共赢的旗帜，坚定不移地致力于维护世界和平、促进共同发展；打破"国强必霸"的传统逻辑，在中国强大起来的情况下，不走侵略扩张、争霸世界的老路，作为促进世界和平与发展的重要力量，继续为人类和平与发展的崇高事业作出越来越大的贡献。

二、深入贯彻新发展理念

习近平总书记的新发展理念继承、传承了党的发展理论。以人民为中心的发展思想和新发展理念，不仅是我们党推进社会主义现代化建设的行动指南，也开拓了中国特色社会主义政治经济学的新境界。以人民为中心的发展思想和实现创新、协调、绿色、开放、共享的新发展理念是一个不断成熟、完善的思想体系，主要包括以下内容：

（一）新发展理念的主要内容

一是坚持以人民为中心的发展思想。2012 年 11 月 15 日，十八届中央政治局常委同中外记者见面时，习近平总书记强调，人民对美好生活的向往就是我们的奋斗目标，强调要坚定不移走共同富裕的道路。在 2015 年 10 月 29 日的十八届五中全会上，习近平总书记明确提出坚持以人民为中心的发展思想。在 2020

年10月29日的十九届五中全会上，习近平总书记进一步强调要努力促进全体人民共同富裕并取得更为明显的实质性进展。

二是不再简单地以国内生产总值增长率论英雄。在2012年12月15日的中央经济工作会议上，习近平总书记强调，不能不顾客观条件、违背规律盲目追求高速度。在2013年6月28日的全国组织工作会议上，习近平总书记又提出，要改进考核方法手段，既看发展又看基础，既看显绩又看潜绩，把民生改善、社会进步、生态效益等指标和实绩作为重要考核内容，再也不能简单以国内生产总值增长率来论英雄了。2013年11月5日，习近平总书记在湖南考察时又强调了这一点，各级都要追求实实在在、没有水分的生产总值，追求有效益、有质量、可持续的经济发展。

三是我国经济处于"三期叠加"时期。在2013年12月10日的中央经济工作会议上，习近平总书记提出，面对我国经济增长速度换挡期、结构调整阵痛期、前期刺激政策消化期"三期叠加"的状况，要冷静观察、谨慎从事、谋定而后动。

四是我国经济发展进入新常态。我国经济已进入增速换挡、结构优化和动力转换的新常态。在2014年12月9日的中央经济工作会议上，习近平总书记分析了我国经济发展进入新常态的原因，强调认识新常态、适应新常态、引领新常态是当前和今后一个时期我国经济发展的大逻辑。

五是使市场在资源配置中起决定性作用，更好地发挥政府作用。在 2013 年 11 月的十八届三中全会上，习近平总书记强调，市场配置资源是最有效率的形式，市场决定资源配置是市场经济的一般规律，强调要使市场在资源配置中起决定性作用，对市场作用作了全新定位。进入新常态阶段，我们要推动高质量的发展，贯彻新发展理念，就要更加重视市场，让市场在资源配置中真正起到决定性作用。同时，也要更好地发挥政府作用，转变职能、简政放权，用政府的作用来校正市场失灵的方面，补充市场不能起作用的领域，不断地提升事前、事中、事后的监管能力。

六是绿水青山就是金山银山。2005 年 8 月 15 日，时任浙江省委书记的习近平同志在浙江湖州安吉考察时，首次提出绿水青山就是金山银山的科学论断。2013 年 9 月 7 日，习近平主席在纳扎尔巴耶夫大学发表演讲时重申了绿水青山就是金山银山的观点，强调建设生态文明、建设美丽中国是我们的一项战略任务，要给子孙后代留下天蓝、地绿、水净的美好家园。2014 年 3 月 7 日，习近平总书记在参加十二届全国人大二次会议贵州代表团审议时，进一步强调了这个观点。我学习体会，习近平总书记的"两山"理论包含三句话：第一句是既要金山银山也要绿水青山，即在经济工作中两手都要硬，既要推动经济的发展，又要保护环境，进行生态文明建设；第二句是宁要绿水青山不要金山银山，即当一个具体的项目、一件具体的事会对环境造成破坏时，宁要绿水青山不要金山银山；第三句是绿水青山就是金山银山，即生态环境保护、发展生态环保产业的本身就是金山银山。这三句话是一个系统的整体，逻辑上是不断演进的。

七是坚持新发展理念。在 2015 年 10 月的十八届五中全会上，习近平总书记提出了创新、协调、绿色、开放、共享的发展理念，强调坚持新发展理念是关系我国发展全局的一场深刻变革。

八是推进供给侧结构性改革。在 2015 年 12 月 18 日的中央经济工作会议上，中央提出供给侧结构性改革的关键是抓好"三去一降一补"。在 2018 年 12 月 19 日的中央经济工作会议上，习近平总书记又提出"巩固、增强、提升、畅通"的新八字要求，强调这八字方针是当前和今后一个时期深化供给侧结构性改革、推动经济高质量发展总的要求。

九是我国已经变化的社会主要矛盾和高质量发展要求。习近平总书记在党的十九大上强调，我国社会主要矛盾已经转化为人民日益增长的美好生活需要和不平衡不充分的发展之间的矛盾，强调这是关系全局的历史性变化。基于社会主要矛盾变化这一事实，以及新发展理念的要求，习近平总书记提出我国经济已由高速增长阶段转向高质量发展阶段。

十是加快构建新发展格局。在 2020 年 4 月 10 日的中央财经委会议上，习近平总书记强调要构建以国内大循环为主体、国内国际双循环相互促进的新发展格局。之后，习近平总书记在不同场合反复提到"构建新发展格局"这一新战略部署。加快构建新发展格局，既是习近平总书记立足新发展阶段、贯彻新发展理念、构建新发展格局的重要内容，也是习近平总书记新发展理念的重要组成部分。

（二）新发展理念的核心要义

创新是引领发展的第一动力，包括理论创新、制度创新、科技创新、文化创新等各方面创新。必须坚持创新在我国现代化全局中的核心地位，把科技自立自强作为国家发展的战略支撑，深入实施科教兴国战略、人才强国战略、创新驱动发展战略，完善国家创新体系，加快建设科技强国。

协调是持续健康发展的内在要求。重点促进城乡区域协调发展，促进经济社会协调发展，促进新型工业化、信息化、城镇化、农业现代化同步发展，在增强国家硬实力的同时注重提升国家软实力。坚持实施区域重大战略、区域协调发展战略、主体功能区战略，健全区域协调发展体制机制，完善新型城镇化战略，构建高质量发展的国土空间布局和支撑体系。

绿色是永续发展的必要条件和人民对美好生活追求的重要体现。必须坚持节约资源和保护环境的基本国策，坚持可持续发展，坚定走生产发展、生活富裕、生态良好的文明发展道路，加快建设资源节约型、环境友好型社会，形成人与自然和谐发展现代化建设新格局，推进美丽中国建设，为全球生态安全作出新贡献。坚持绿水青山就是金山银山理念，守住自然生态安全边界。深入实施可持续发展战略，完善生态文明领域统筹协调机制，构建生态文明体系，促进经济社会发展全面绿色转型，建设人与自然和谐共生的现代化。

开放是国家繁荣发展的必由之路。奉行互利共赢的开放战略，坚持内外需协调、进出口平衡、引进来和走出去并重、引资和引技引智并举，发展更高层次的开放型经济，积极参与全球经济治理和公共产品供给，提高我国在全球经济治理体系中的制度性话语权，构建广泛的利益共同体。坚持实施更大范围、更宽领域、更深层次对外开放，依托我国大市场优势，促进国际合作，实现互利共赢。

共享是中国特色社会主义的本质要求。必须坚持发展为了人民、发展依靠人民、发展成果由人民共享，作出更有效的制度安排，使全体人民在共建共享发展中有更多获得感，增强发展动力，增进人民团结，朝着共同富裕方向稳步前进。坚持把实现好、维护好、发展好最广大人民根本利益作为发展的出发点和落脚点，尽力而为、量力而行，健全基本公共服务体系，完善共建共治共享的社会治理制度，扎实推动共同富裕，不断增强人民群众获得感、幸福感、安全感，促进人的全面发展和社会全面进步。

（三）完整、准确、全面地认识和贯彻新发展理念

这是我们党执政为民根本宗旨和初心使命的必然要求。中国共产党从成立那天起，它的宗旨、目标就是为人民谋幸福，为民族谋复兴。所以我们党领导下的现代化，中国要推进的现代化，

必然是以人民为中心的现代化。

这是解决现阶段突出问题防范风险的必然要求。我国的发展已经站在新的起点上，要根据新发展阶段的新要求，坚持问题导向，更加精准地贯彻新发展理念，切实解决好发展不平衡不充分的问题，推动高质量发展。

这是进一步深化改革开放的必然要求。要将全面深化改革同贯彻新发展理念紧密关联。改革开放的实践告诉我们，唯有全面深化改革，才能更好地践行新发展理念，不断破解发展难题，增强发展活力，厚植发展优势。全面深化改革的着力点要放在完整、准确、全面贯彻新发展理念上，要在已有改革基础上，立足贯彻新发展理念、构建新发展格局，坚持问题导向，围绕增强创新能力、推动平衡发展、改善生态环境、提高开放水平、促进共享发展等重点领域和关键环节，继续把改革推向深入，更加精准地出台改革方案，更加全面地完善制度体系。

这是统筹两个大局、坚持系统观念的必然要求。新发展理念是一个整体，完整、准确、全面贯彻新发展理念，必须坚持系统观念，这是一种明确的思维导向。统筹国内国外两个大局，要统筹中华民族伟大复兴战略全局和世界百年未有之大变局，立足国内，放眼世界。要深刻认识错综复杂的国际局势对我国的影响，既保持战略定力，又善于积极应变；既集中精力办好自己的事，又积极参与全球治理、为国内发展创造良好环境。

三、加快构建新发展格局

（一）加快构建新发展格局的重要性和紧迫性

面对我国发展阶段、环境、条件的深刻变化，只有加快形成新发展格局，稳中求进，才能更加积极有效应对不稳定不确定因素，在危机中育新机、于变局中开新局。

这是新阶段下扎实推动经济高质量发展的战略选择。我国已转向高质量发展阶段，继续发展具有多方面优势和条件。同时，我国经济发展不平衡不充分问题仍然突出，发展中的矛盾和问题集中体现在发展质量上。

第一，创新能力大幅提高，但仍不适应高质量发展要求。我国已成为具有重要影响力的世界科技创新大国。世界知识产权组织发布的《2020年全球创新指数报告》显示，在全球131个经济体中，中国保持在全球创新指数榜单第14位，是跻身综合排名前30位经济体中唯一的中等收入经济体，在技术发明专利、实用新型专利、商标、工业品外观设计专利申请量和创意产品出口等重要指标上名列前茅。但基础研究水平、关键核心技术等方面的创新与世界科技创新强国相比还有一定差距。比如，我国的研发支出居全球第二，占GDP的比重超过2%，但基础研究的支出占GDP的比重只有0.13%，远低于主要创新国家的水平（美、法、日、韩四国保持在0.4%以上，韩国最高，在0.7%以上）。

第二，农业不断取得成就，但基础还不稳固。我国以占世界

6%的淡水资源、9%的耕地，解决了占世界18.6%人口的吃饭问题。自2004年以来，我国粮食"十七连丰"，2020年总产量达1.34万亿斤。但是，我国农业基础还不稳固。首先，农业人均的基础性禀赋相对不足。我国人均耕地、林地、牧草地分别只有不到1.5亩、3亩和2.4亩，而美国大致上是我们的5倍；其次，农业劳动力基数过大。我国农业劳动力人均经营耕地面积为9.24亩，而美国高达957.47亩；再次，相对美国等农业先进国家，我国农业机械化水平较低，农业科技相对落后，农业科研成果的转化和推广应用工作欠缺，农民科技素质不强。

第三，居民收入增长较快，但收入分配差距较大。一般认为，"基尼系数"在0.3—0.4之间较合理，过低则不利于激发效益；过高（超过0.5）则说明收入差距太大。我国的基尼系数基本上在0.47左右，收入差距比较大。

第四，各地区经济发展水平都有大幅度增长，但区域发展差距仍然较大。1978—2019年，我国人均GDP年均增长13.6%（名义增速），各省区市增速最低的也达10.7%。但各地人均GDP差距仍然较大，2019年北京人均GDP为16.4万元，居于全国首位，而甘肃人均GDP仅3.3万元，为北京的1/5。

第五，生态环境质量大幅改善，但仍然任重道远。2019年，环境空气质量达标城市占比仅46.6%，不足一半。水污染经过近几年的治理，水质得到改善，非优良水质占比由32.1%下降到25.1%，但现存非优良水质占比仍较大。

第六，资源环境已经形成紧约束。我国约六成的城市面临水资源短缺；工业化、城镇化的用地需求与耕地保护红线之间的矛盾突出；铁、铝、铜、镍等金属矿依赖国外进口；石油对外依存度高达70.8%。中国是世界第一大能源消费国，2019年中国一次能源消费总量为48.6亿吨标准煤，占全球消费近1/4。在消费结构上，虽然煤炭消费占比近年来有所下降，但仍然是绝对主力，可再生能源消费较少，给碳减排带来压力。

第七，民生保障不断取得新成效，但仍存在不少短板。我们在幼有所育、学有所教、病有所医、老有所养等方面取得很大成绩，人均预期寿命大幅提高。但我国低保总体标准偏低且城乡差距较大、老年人健康状况不乐观、居民医疗负担不容忽视、全国企业养老保险基金收支不容乐观。

第八，社会治理形势出现根本性好转，但还有不少弱项。如，随着公众价值观念发生深刻变化，对社会治理提出新要求；网络社会治理成为热点、焦点和难点问题；未知流行病和生态环境危机引发的社会恐慌，以及金融风险等可能导致的大规模社会恐慌传导等，考验着社会治理能力；同时，以手机为基本平台的网络社会与现实社会高度互动，传统的社会管理已难以奏效。

要解决上述发展不平衡、不充分、不协调的矛盾，就必须坚持新发展理念，加快构建新发展格局。高质量发展，要求从各个环节、各个领域，全面畅通国内大循环，打通各个领域、各个环节的障碍，推动生产要素各种资源更好配置、生产要素更好流动，使供给和需求更好地匹配。

这是新环境下实现更为安全发展的必由之路。今后一个时期，我们将面对更多逆风逆水的外部环境，必须做好应对一系列新风险挑战的准备。以国内大循环为主体，就能用国内市场之盈补海外市场之缺，就能用国内的稳定性、确定性对冲国际的不稳定性、不确定性，就能在变局中牢牢把握住我国经济发展的主动权。实现国内国际双循环相互促进，顺应和引领全球化历史潮流，就能在推动构建人类命运共同体中实现更为安全的发展。

第一，中美从竞合走向对抗，经济脱钩风险明显上升。美国实施的单边主义、贸易保护主义政策，破坏了全球分工体系和国际经贸秩序。民族主义、民粹主义思潮上升，全球化正遭遇顶头风和逆流。尽管新政府上台，但美国遏制中国发展的长期战略不会改变，阻遏中国技术崛起的战略不会改变，联合盟友实施规则围堵的策略不会改变，只是侧重点和实施方式会有所不同。

第二，尽管美国国会深度分裂，但对中国采取强硬路线已成为共识。2021 年 4 月 8 日，美国参议院推出了一个全面的遏华法案《2021 年战略竞争法案》。4 月 21 日，美国参议院外交关系委员会以 21 比 1 通过该法案，并提交参议院投票。《法案》一共 88 条，直接遏华的有 49 条，其中经济领域 6 条、科技领域 6 条、意识形态领域 5 条、军事安全领域 8 条、外交领域 24 条。

第三，中美博弈导致我国关键核心技术"卡脖子"风险显著上升。遏华的一个很重要领域就是在经济上和科技上对我国进行"卡脖子",特别是高科技领域。2019年,美国对外出口产品9154种,其中近1/4只出口其盟友,除去2108种我国不需要进口的产品,剩下的131种产品就是我国想买但美不愿意卖的高技术产品。其中,56种是国防类高技术产品,75种是非国防类高技术产品。

第四,全球产业分工"去中国化"风险加大。新冠肺炎疫情暴发后,美国、日本等国高度重视全球产业链供应链的安全稳定问题,为减少对我国的依赖,鼓励在我国的关键产业链环节回流本土。美国总统拜登表示,加强美半导体产业供应链韧性、应对中国在该领域快速发展是两党共识。

第五,全球疫情严峻,引发大萧条以来最严重的衰退。2021年4月国际货币基金组织(IMF)发布《世界经济展望报告》,预计2021年全球经济增速为6%,2022年则将放缓至4.4%。报告表示,尽管中国经济已在2020年恢复到疫情之前的水平,但许多其他国家预计将到2023年才能回到疫情前水平,全球经济复苏进程出现分化且存在极大不确定性。新冠肺炎疫情蔓延对各经济体的经济活动产生的影响,通过与我国的贸易往来传导到我国。

这是新条件下我国重塑竞争优势的重大举措。进入新发展阶段,我国的要素禀赋条件正在发生深刻的变化,要素成本低、环境容量大、外需贡献多等传统优势正在逐步减弱。同时,超大规模市场优势进一步显现。畅通国内大循环,实现以国内大循环为主体，是形成竞争新优势的基础。国内国际双循环相互促进，才能不断巩固和增强竞争新优势。

当前，我国要素禀赋条件已经发生深刻变化。第一，传统的人力成本竞争优势正在减弱。2019年，我国劳动力成本与发达国家的差距迅速缩小，明显高于东南亚及其他发展中国家。第二，外需在我国经济中所占比重已经触顶并明显回落。2006年，我国外贸依存度达64.2%，是改革开放以来的最高点，此后持续回落。至2019年，外贸依存度下降至31.8%，降低32.4个百分点。第三，外需对增长的贡献率显著下降。1992—2008年，GDP年均增长10.7%，居民消费、政府消费和投资增长分别贡献3.2个、1.4个和3.2个百分点，出口增长贡献2.9个百分点，贡献率为27.1%。2015—2019年，GDP年均增长6.7%，居民消费、政府消费和投资增长分别贡献2.9个、1.2个和2.2个百分点，出口增长贡献0.4个百分点，贡献率为6.0%。

（二）完整、准确、全面学习和理解加快构建新发展格局战略

准确理解加快构建新发展格局战略，需要做到以下"六个统筹"：

一是统筹发展与安全。在加快构建新发展格局中要统筹好发展与安全的关系，在各种可以预见和难以预见的狂风暴雨、惊涛骇浪中，增强我们的生存力、竞争力、发展力、持续力。安全是发展的前提，发展是安全的保障。把安全发展贯穿国家发展各领

域和全过程，统筹好发展与安全这两件大事，做好应对任何情况下和任何形式的矛盾风险挑战的准备。

二是统筹国内与国际。新发展格局绝不是封闭的国内循环，而是开放的国内国际双循环。畅通国内大循环，以国内促国际，可以为其他国家提供更广阔的市场机会，有助于推动建设开放型世界经济，在促进全球包容性增长中维护经济全球化。同时，参与国际大循环，以国际促国内，将进一步增强国内国际经济联动效应，推动我国成为吸引国际商品和要素资源的巨大引力场。国内国际双循环相互促进将使我国既深度参与国际分工，又牢牢掌握发展主动权，实现安全与发展的相互增进。

三是统筹改革与开放。当前形势下，构建新发展格局要善于运用改革思维和改革办法，统筹考虑短期应对和中长期发展，既要在战略上布好局，也要在关键处落好子；构建新发展格局，不是关起门来搞建设，而是要继续扩大开放，想方设法提高对外开放的质量和发展的内外联动性。以深化改革激发新发展活力，以高水平对外开放打造国际合作和竞争新优势。

四是统筹消费与投资。构建完整的内需体系，关系到我国长远发展和长治久安。要建立起扩大内需的有效制度，释放内需潜力，加快培育完整内需体系，加强需求侧管理，扩大居民消费，提升消费层次，建设超大规模国内市场；不断释放被束缚的消费潜力和有效投资，以强大内需为基点实现国内国际双循环相互促进和经济高质量发展。

五是统筹自主创新与开放创新。加快构建新发展格局的重要一点是突破西方国家对中国的科技围堵,解决高科技"卡脖子"问题。我们要建立与社会主义市场经济体制相适应的新举国体制,实现科技的自立自强。同时,也要坚持开放创新,主动和国际社会进行交流,加强国际科技交流合作。

六是统筹全局与全部。习近平总书记多次强调,构建的新发展格局在于全国统一的大循环,而不是各个地区的小循环。各地区都要找准自己在国内大循环和国内国际双循环中的定位,不能不顾客观实际和产业基础,不能都盯着"高大上"的项目,更不能搞"自我循环"。所以,加快构建新发展格局是各部门都要凝心聚力、全力以赴的事,而不只是一些部门的事。

(三)加快构建新发展格局要重点做好的工作

一是切实立足国内大市场。以国内大循环为主体,关键是打通生产、分配、流通、消费各个环节内部和相互之间的障碍。强化竞争政策的基础性地位,全面实施市场准入负面清单制度,全面落实公平竞争审查制度,打造市场化、法治化、国际化营商环境,依法平等保护国有、民营、外资等各种所有制企业产权和自主经营权。加快建设统一开放、竞争有序的市场体系,实现要素价格市场决定、流动自主有序、配置高效公平。以保护产权、维护契约、统一市场、平等交换、公平竞争、有效监管为基本导向,不断完善社会主义市场经济法治体系。

二是突出强调科技自立自强。发挥集中力量办大事的制度优势、超大规模市场优势和完备产业体系的配套优势，创造有利于新技术快速大规模应用和迭代升级的机会，加速科技成果向现实生产力转化。弘扬企业家精神，发挥企业在技术创新中的主体作用，使企业成为创新要素集成、科技成果转化的生力军。弘扬科学家精神，持续提高基础创新和原始创新能力，从源头上化解各种"卡脖子"技术瓶颈。坚持开放创新，加强国际科技交流合作。实施产业基础再造和产业链提升工程，抓紧布局战略性新兴产业、未来产业，推进产业基础高级化、产业链现代化，增强产业链供应链的稳定性、安全性和竞争力，提高经济发展质量和效益。

三是深入推进供给侧结构性改革。优化供给结构，改善供给质量，提升供给体系对国内需求的适配性，以创新驱动、高质量供给引领和创造新需求，在更高质量、更高层次、更高水平上促进供给与需求的动态平衡。高度重视降成本，继续减税降费、减租降息，帮助企业解决当前面临的租金、税费、社保、融资等方面难题。加大对5G、人工智能等新型基础设施的投资力度，鼓励引导企业加强技术改造，促进数字化、智能化、绿色化转型。以推动实体经济、金融业、房地产业等的报酬结构再平衡为重点，坚持"房住不炒"的定位，引导各类资源和生产要素更多流向生产性部门。在坚持以供给侧结构性改革为主线的过程中，高度重视需求侧管理，把实施扩大内需战略同深化供给侧结构性改革有机结合起来。

四是实施高水平对外开放。适应新发展格局的要求，对接国际高标准市场规则体系，实施更大范围、更宽领域、更深层次对外开放。加快形成全方位、多层次、多元化的开放合作格局，推动共建"一带一路"走深走实和高质量发展。加快国内自由贸易试验区、自由贸易港建设，促进形成对外开放新高地，健全外商投资准入前国民待遇加负面清单管理制度，推动规则、规制、管理、标准等制度型开放。积极参与全球经济治理体系改革，促进贸易和投资自由化便利化，推动构建更高水平的国际经贸规则和形成更加公平合理的国际经济治理体系。

（本文发表于《发展研究》2021 年第 6 期）

更加自觉地用新发展格局
理论指导新发展阶段经济工作

2020 年以来，习近平总书记已经多次就如何科学认识国内外大势、深刻把握发展规律作出重要论述，并形成了关于加快构建以国内大循环为主体、国内国际双循环相互促进的新发展格局理论（以下简称"新发展格局理论"）。这一理论，是我们党对经济发展客观规律的正确把握和实践运用，是习近平新时代中国特色社会主义经济思想的丰富和发展，是马克思主义政治经济学的最新理论成果，是新发展阶段统筹中华民族伟大复兴战略全局和世界百年未有之大变局、谋划和开展经济工作的根本遵循和行动指南。党的十九届五中全会将其明确为"十四五"时期经济社会发展指导思想的重要内容，并对"十四五"时期如何构建新发展格局作了专门部署。

一、深刻认识加快构建新发展格局的重大战略意义

习近平总书记指出："加快形成以国内大循环为主体、国内国际双循环相互促进的新发展格局，是根据我国发展阶段、环境、条件变化作出的战略决策，是事关全局的系统性深层次变革。"明者因时而变，知者随事而制。以国内大循环为主体是统筹发展与安全，筑牢高质量发展的安全之基；国内国际双循环相互促进是统筹国内国际两个大局，强化高质量发展的动力之源。面对国内外环境因中美之抗和世界之疫带来的深刻变化，只有加快构建新发展格局，更充分发挥国内超大规模市场优势，更好利用两种资源、两个市场，才能更加积极有效应对不稳定、不确定因素，在危机中育先机、于变局中开新局。

加快构建新发展格局是新发展阶段下贯彻新发展理念、推动高质量发展的战略选择。习近平总书记指出，"新时代新阶段的发展必须贯彻新发展理念，必须是高质量发展"。我国进入新发展阶段，要深刻认识错综复杂的国际环境带来的新矛盾新挑战，深刻认识我国社会主要矛盾变化带来的新特征新要求。防范化解各类风险隐患，积极应对外部环境变化带来的冲击挑战，关键在于办好自己的事，提高发展质量。我国社会主要矛盾已经转化为人民日益增长的美好生活需要和不平衡不充分的发展之间的矛盾，发展中的矛盾和问题也集中体现在发展质量上。当前，发展不平衡不充分，主要表现为创新能力不适应高质量发展要求，供

给结构不匹配问题较为突出，流通体系现代化程度不高，城乡区域发展和收入分配差距较大，民生保障存在短板，生态环保任重道远，社会治理还有弱项，经济安全存在一些隐患等。解决发展不平衡不充分问题，推动高质量发展，必须从各个环节、各个部门、各个领域全面畅通国内大循环。打通生产、分配、流通、消费等环节内部和相互之间的堵点，促进现代金融、科技创新与实体经济的良性循环，畅通产业循环、市场循环、经济社会循环，进而提升供给体系对国内需求的适配性，实现需求牵引供给、供给创造需求的更高水平动态平衡，在更高水平、更高质量社会生产和再生产的循环中不断满足人民日益增长的美好生活需要。解决发展不平衡不充分问题，推动高质量发展，必须立足国内国际双循环相互促进。畅通国内大循环，以国内促国际，可以为正在受保护主义上升、全球市场萎缩困扰的世界经济增添发展新动力，在推动全球复苏中畅通国际大循环。参与国际大循环，以国际促国内，可以进一步为我国企业开拓更大的成长空间，实现更高水平的国内大循环。国内国际双循环相互促进，必将推动国内市场和国际市场更好联通，必将推动国内资源和国外资源更有效利用，促进国民经济实现更加强劲、更可持续、更高质量的发展。

加快构建新发展格局是新发展环境下统筹发展与安全、实现更为安全发展的必由之路。习近平总书记指出："今后一个时期，我们将面对更多逆风逆水的外部环境，必须做好应对一系列新的风险挑战的准备。"以国内大循环为主体，就能用国内市场之盈补海外市场之缺，就能用国内的稳定性确定性对冲国际的不稳定性不确定性，就能在变局中牢牢把握住我国经济发展的主动权。"中国经济是一片大海，而不是一个小池塘"，"狂风骤雨可以掀翻小池塘，但不能掀翻大海。经历了无数次狂风骤雨，大海依旧在那儿"。只要我们集中力量办好自己的事，发挥巨大市场需求潜力，用超大规模市场容量容纳更多市场主体提供的产品和服务，激发上亿市场主体活力，尽快突破关键核心技术，推动经济持续健康发展，就能持续提升我国在世界经济中的地位和影响力，就能在全球供应链大重构、全球复苏进程大分化、新一轮科技革命和产业变革加速演变中占据主动。实现国内国际双循环相互促进，顺应和引领全球化历史潮流，就能在推动构建人类命运共同体中实现更为安全的发展。"经济全球化仍是历史潮流，各国分工合作、互利共赢是长期趋势"。畅通国内大循环，以国内促国际，可以为其他国家提供更广阔的市场机会，为更多的外资外企提供更大的成长空间，有助于推动建设开放型世界经济，在促进全球包容性增长中维护经济全球化。参与国际大循环，以国际促国内，将进一步增强国内国际经济联动效应，使我国成为吸引国际商品和要素资源的巨大引力场。国内国际双循环相互促进，将使我国既深度参与国际分工，又牢牢掌握发展主动权，实现安全与发展的相互增进。

加快构建新发展格局是新发展条件下培育新增长动力、重塑竞争优势的根本举措。习近平总书记指出，"构建新发展格局，是与时俱进提升我国经济发展水平的战略抉择，也是塑造我国国际经济合作和竞争新优势的战略抉择"。我国要素禀赋条件已经发生深刻变化，要素成本低、环境容量大等传统优势正在逐步削弱，同时国内生产总值将超过 100 万亿元人民币、中等收入群体超过 4 亿人、科技人力资源总量超过 1 亿人等超大规模市场优势进一步显现。畅通国内大循环，实现以国内大循环为主体，是加快形成竞争新优势的基础。习近平总书记指出："实践反复告诉我们，关键核心技术是要不来、买不来、讨不来的。"突破关键核心技术，提升自主创新能力，必须要依托我国超大规模市场和完备产业体系，打通阻碍产业与科技、需求与供给高水平循环的淤点堵点，创造有利于新技术快速大规模应用和迭代升级的独特优势，加速科技成果向现实生产力转化。同时，"国内循环越顺畅，越能形成对全球资源要素的引力场，越有利于构建以国内大循环为主体、国内国际双循环相互促进的新发展格局，越有利于形成参与国际竞争和合作新优势"。国内国际双循环相互促进，才能不断巩固和增强竞争新优势。"中国经济要发展，就要敢于到世界市场的汪洋大海中去游泳"。在游泳中才能学会游泳，在竞争中才能获得竞争优势。畅通国内大循环，以国内促国际，可以增强全球产业链、供应链、创新链的韧性，国内市场越大、创新能力越强，就越有利于畅通创新资源的国际大循环。参与国际大循环，以国际促国内，可以更好学习和吸收全球先进技术、管理经验、创新文化，在开放中推进自主创新。国内国际双循环相互促进，将在更高起点上、更大空间内推动科技创新和优势的转换，在竞争中不断提升我国在全球产业链、供应链、价值链、创新链中的地位和竞争力。

二、准确理解新发展格局理论的科学内涵

"以国内大循环为主体、国内国际双循环相互促进"的新发展格局理论具有丰富的科学内涵，是马克思主义经济循环和社会再生产理论的最新成果。构建新发展格局是我国的主动作为和长期战略，而不是被动应对和权宜之计；是开放的国内国际双循环，而不是封闭的国内单循环；是在国内统一大市场基础上的大循环，而不是各自为阵的小循环。准确理解新发展格局理论，需要抓住新发展阶段、新发展理念和新发展格局3个关键词，统筹发展和安全两件大事，牢牢把握扩大内需这一战略基点，充分依靠改革、开放、创新三大动力。

新发展格局理论是对新发展理念的坚持、深化和拓展。党的十八大以来，以习近平同志为核心的党中央继承和发展了马克思主义发展观，科学把握当今世界和当代中国的发展大势，党和国家事业取得历史性成就、发生历史性变革，并形成了以"创新、协调、绿色、开放、共享"为主要内容的新发展理念，深刻回答了我们需要"实现什么样的发展、怎样实现发展"的重大问题，这是党领导经济工作必须长期坚持的基本方针。发展必须是

创新发展，要解放思想，把创新放在我国发展全局的核心位置，因循守旧是没有出路的。发展必须是协调发展，统筹兼顾、综合平衡，着力解决我国长期存在的发展不平衡问题。发展必须是绿色发展，这是突破资源环境瓶颈约束，调整经济结构、实现可持续发展的必然选择。发展必须是开放发展，只有发展更高层次的开放型经济，才能更好顺应和平、发展、合作、共赢的世界潮流。发展必须是共享发展，国家建设是全体人民共同的事业，国家发展过程也是全体人民共享成果的过程，共享是发展的出发点和落脚点。

习近平总书记多次强调要统筹发展与安全，"必须把新发展理念贯穿发展全过程和各领域，实现更高质量、更有效率、更加公平、更可持续、更为安全的发展"。推动创新发展、协调发展、绿色发展、开放发展、共享发展，前提都是国家安全、社会稳定。要处理好发展和安全的关系，有效防范和应对可能影响现代化进程的系统性风险。新发展格局理论在实现更高质量、更有效率、更加公平、更可持续的发展基础上，强调了"更为安全"的发展要求；在实现发展规模、速度、质量、结构、效益相统一的基础上，强调了"安全"的目标，这标志着"安全"已成为新发展理念的重要内容，是对新发展理念的最新贡献。

新发展格局理论是总体国家安全观的坚持、深化和拓展。习近平总书记指出，"当前我国国家安全内涵和外延比历史上任何时候都要丰富，时空领域比历史上任何时候都要宽广，内外因素比历史上任何时候都要复杂，必须坚持总体国家安全观"，"安而不忘危，存而不忘亡，治而不忘乱"。我国发展仍然处于重要战略机遇期，但机遇和挑战都有新的发展变化，面临的矛盾、风险、博弈也前所未有，要立足国际秩序大变局来把握规律，立足防范风险的大前提来统筹谋划，建设更高水平的平安中国。

新发展格局理论，把新发展理念和总体国家安全观有机结合起来，更加强调国家安全必须以经济安全为基础。新发展格局理论强调以国内大循环为主体，把安全发展贯穿国家发展各领域和全过程，并把提升自主创新能力、加快突破关键核心技术作为关键，就是要将创新主动权、发展主动权牢牢掌握在自己手中，就是为了筑牢保障国家安全的经济技术基础，就是更加突出在国内国际双循环相互促进过程中，不断增强自身竞争能力、开放监管能力和风险防控能力。明者防祸于未萌，智者图患于将来。新发展格局理论就是要求全党，认清形势，未雨绸缪，统筹好发展与安全这两件大事，做好应对任何情况下和任何形式的矛盾风险挑战的准备。

新发展格局理论强调立足于发挥国内超大规模市场优势和内需潜力。习近平总书记指出，"我们必须充分发挥国内超大规模市场优势"，"构建完整的内需体系，关系我国长远发展和长治久安"，"大国经济的优势就是内部可循环"，"我们要牢牢把握扩大内需这一战略基点，使生产、分配、流通、消费各环节更多依托国内市场实现良性循环"。

大国经济的一个共同特征，就是内需为主导，国内可循环。改革开放40多年来，经过全国人民的不懈奋斗，我国目前拥有规模庞大、供求多元、创新活跃、拉动力强的内需市场，有条件也完全有能力形成兼具活力和韧性的国内大循环。需求多元和广阔市场空间，意味着更多的创新场景，更低的创新成本，更高的创新收益，更好的创新、创造、创业生态，有利于新技术快速大规模应用和迭代升级，使我国经济更具活力。超大规模市场内含着产业多样性、配套完备性、巨大需求吸附力、抗风险冲击能力，决定了我国经济发展韧性强大。同时，随着全球政治经济环境变化，逆全球化趋势加剧，传统国际循环明显弱化。新发展格局理论正是从上述正反两方面的现实逻辑出发，强调以超大规模市场优势和内需潜力为基点，科学统筹供给与需求、发展与安全、国际与国内，以强大内需、巨大市场和完整产业链为保障，以创新驱动、高质量供给引领和创造新需求，全面促进消费，拓展投资空间，推动国内国际双循环相互促进和经济高质量发展。实际上，随着经济发展阶段、环境和条件的变化，我国经济已经在向以国内大循环为主体转变。2008年国际金融危机以来，我国经济增长动力已逐步从过去依赖较大规模的出口转向以国内有效投资和消费为主，内需成为经济增长的稳定器。"十三五"时期以来，经常项目顺差同国内生产总值之比持续低于2%，2018年一度降至0.2%。2019年，我国出口占国内生产总值的比重已降至 17.4%；国内消费对经济增长的贡献率达到 57.8%，资本形成的贡献率达到 31.2%，合计为 89%，尤其是消费连续 6 年成为经济增长第一拉动力。加快形成新发展格局，正是遵循经济规律，顺应客观实际的现实选择。

新发展格局理论强调依靠更深层次改革。习近平总书记指出："改革是解放和发展社会生产力的关键，是推动国家发展的根本动力。"无论从改革开放在解放生产力和发展生产力方面所产生的巨大历史作用看，还是从引起我国社会关系和社会生活变革的广度和深度看，都可以说改革开放是"中国人民和中华民族发展史上的一次伟大革命"，是"决定实现'两个一百年'奋斗目标、实现中华民族伟大复兴的关键一招"。我国过去 40 多年的快速发展靠的是改革开放，进入新发展阶段必须更加坚定不移地依靠改革开放。

新发展格局理论强调要全面深化改革，构建高水平社会主义市场经济体制。以深化改革激发新发展活力，通过推进有利于提高资源配置效率的改革，发挥市场在资源配置的决定性作用和更好发挥政府作用；通过推进有利于提高发展质量和效益的改革，实现经济发展质量变革、效率变革和动力变革；通过有利于调动各方面积极性的改革，使一切有利于社会生产力发展的力量源泉充分涌流。也就是说，要发挥显著制度优势，推动有效市场和有为政府更好结合，通过深层次改革，打通国民经济循环中的淤点堵点，激发各类市场主体活力，推动经济高质量发展。

新发展格局理论强调依靠更高水平开放。习近平总书记指出，"我们决不能被逆风和回头浪所阻，要站在历史正确的一边，坚定不移全面扩大开放"，"新发展格局决不是封闭的国内循环，而是开放的国内国际双循环"，"通过繁荣国内经济、畅通国内大循环为我国经济发展增添动力，带动世界经济复苏"。

新发展格局理论高度重视对外开放，强调拓宽对外开放范围和领域，提高对外开放水平，以高水平开放打造国际合作和竞争新优势，实现互利共赢。我国经济已高度融入世界，并不存在封闭的国内大循环。任何关于以国内大循环为主就是封闭退却甚至"内卷化"的认识都是错误的。国内大循环是在一个开放的体系中进行的，其各个环节都不能隔绝于国际大循环之外，并欢迎外资外企和外国人才进入国内大循环的各个领域、各个环节，国内国际双循环相互促进更是与开放融为一体。也就是说，通过更高水平开放，建设更高水平开放型经济新体制和开放型世界经济，实现国内国际双循环相互促进，以开放促发展、促合作、促共赢。

新发展格局理论强调集中力量办好自己的事，也强调通过繁荣国内经济带动世界经济复苏。改革开放以来，我国经济取得巨大成就，经济规模持续增加，对全球经济增长的贡献率大幅提高。世界银行数据显示，我国从 2006 年起就成为对全球经济增长贡献最高的国家，2006—2019 年的平均贡献率达到 28.84%，高出第二位国家 17.31 个百分点。同时，我国推动共建"一带一路",为各国和世界经济增长开辟了更多空间,为推动全球包容性增长作出了巨大贡献。当前,新冠肺炎疫情反复风险较大,全球市场萎缩,贸易保护主义、技术民族主义猖獗,全球经济复苏进程仍面临较大不确定性。畅通国内大循环,释放我国巨大内需潜力并推动科技创新,有助于为全球经济复苏注入需求牵引力和技术驱动力。未来,我国经济占全球经济规模的比重还将持续上升,有望继续成为对全球经济增长贡献最大的国家。在加快构建新发展格局、建设开放型世界经济过程中,我国同世界经济的联系将更加紧密,为其他国家提供的发展机会将更加广阔。

新发展格局理论强调依靠更有质量创新。习近平总书记指出,"科学技术从来没有像今天这样深刻影响着国家前途命运,从来没有像今天这样深刻影响着人民生活福祉","我们更要大力提升自主创新能力,尽快突破关键核心技术。这是关系我国发展全局的重大问题,也是形成以国内大循环为主体的关键","要在关系国家安全的领域和节点构建自主可控、安全可靠的国内生产供应体系,在关键时刻可以做到自我循环,确保在极端情况下经济正常运转"。

新发展格局理论高度重视科技创新对高质量发展和国内大循环的关键作用,把科技自立自强作为国家发展的战略支撑。科技革命和产业变革一直是历史上驱动国际经济政治格局变迁的基础性变量。跨越"中等收入陷阱",实现现代化"两步走"战略目标和中华民族伟大复兴的"中国梦",必须要深度参与并引领科技革命和产业变革。当前，全球新一轮科技革命和产业变革正在加速演变，既凸显了加快提高我国科技创新能力的紧迫性，也给我们提供了在科技创新方面迎头赶上的历史性机遇。通过打好关键核心技术攻坚战，以科技创新提升产业链水平，维护产业链安全。通过科技创新全面提升经济发展科技含量、劳动生产率和资本回报率，解决发展中不平衡、不充分、不可持续问题，实现经济增长从要素驱动向创新驱动的动能转换。也就是说，通过科技创新牢牢把握创新主动权、发展主动权，实现动能更加强劲、发展更为安全的国内大循环，实现国内循环和国际循环的相互促进。

三、在全面贯彻新发展格局理论中育先机开新局

理论源于实践，又用来指导实践。谋划和推动"十四五"及未来一个时期我国经济社会发展，必须认真学习贯彻习近平总书记的新发展格局理论，把加快构建新发展格局作为贯穿我国发展全局和全过程的大逻辑，实现更高质量、更有效率、更加公平、更可持续、更为安全的发展。

坚持供给侧结构性改革战略方向，提升供给体系对国内需求的适配性。加快构建新发展格局，要始终坚持"实体经济是基础，各种制造业不能丢"的原则，坚持以供给侧结构性改革为主线，保持制造业在整个经济中始终占有一个合适的比例，重视信息技术等生产性服务业发展，按照"巩固、增强、提升、畅

通"八字方针，提升供给体系对国内需求的适配性，在更高质量、更高层次、更高水平上满足我国全体人民特别是中等收入群体消费升级的需求，促进供给与需求的动态平衡。要以加快技术改造、提升质量标准和强化市场监管为重点，增强高水平供给能力，减少从生产到消费的各种中间环节，努力实现满足最终需求的产品和服务从无到有、从有到优、从优到强的转变。要抓住"降成本"这个核心，继续推进减税降费、减租降息，帮助企业解决当前面临的租金、税费、社保、融资等各方面难题，保住市场主体。要加大对5G、人工智能等新型基础设施投资和企业技术改造，加快补齐公共服务体系的短板，创造传统产业转型升级、融合发展的基础保障条件。要增强微观主体活力，发挥企业主观能动性，破除各类要素流动壁垒。要鼓励引导企业加强技术改造，促进数字化、智能化、绿色化转型，注重利用技术创新和规模效应形成新的竞争优势，提升产业链水平。要畅通国民经济循环，以推动实体经济、金融业、房地产业等部门报酬结构再平衡为重点，坚持"房住不炒"的定位，引导各类资源和生产要素更多流向实体经济。

坚持扩大内需这个战略基点，夯实国内市场主导的国民经济循环。经济循环是一个周而复始的过程，以国内大循环为主体，关键是打通生产、分配、流通、消费各个环节内部和相互之间的障碍。生产环节方面，要减少和消除制度、技术、成本等方面的制约，提供高质量产品和服务供给。分配环节方面，要健全体现效率、促进公平的收入分配制度，稳步提高居民收入，扩大中等收入群体，完善覆盖全民的社会保障体系，在居民收入持续稳定增长和减少消费者的后顾之忧中扩大内需。流通环节方面，要进一步发展高效的流通和物流体系，切实规范市场秩序，大幅减少各种交易环节，提高流通效率和降低流通成本。消费环节方面，要以强化市场科学监管为重点，减少从生产到消费的各种中间环节，塑造干净透明、活力高效的消费环境，让消费者买得放心省心安心，提升消费者信心，不断满足消费升级对高质量产品和服务的需求。

坚持以增强科技创新能力为核心，提高产业链供应链稳定性、安全性和竞争力。创新是统筹发展与安全的交汇点，既是引领发展的第一动力，也是确保产业安全和国家经济安全的根本保障。要发挥集中力量办大事的制度优势、超大规模市场优势和完备产业体系的配套优势，把有效市场和有为政府结合起来，按照不同技术的创新规律，强化关键环节、关键领域、关键产品保障能力和科技自立自强能力，在"长板"上夯实拉紧全球产业链对我国的依存关系，形成对外方人为断供的强有力反制和威慑能力，在"短板"上制定不同情境下的应对办法，有计划、有重点地逐步攻克"卡脖子"的关键核心技术。要改革完善政府采购、考核评价等体制和政策，创造有利于国内新技术快速大规模应用和迭代升级的机会，促进资金、技术、应用、市场等要素对接，努力解决成果转化、市场应用"最后一公里"有机衔接问题，加速科技成果向现实生产力转化。要完善金融支持政策，构建以风险投资和直接融资为主体的创新友好型金融体系。要弘扬科学家精神，坚持问题导向、目标导向，优化基础研究布局，提高基础创新和原始创新能力，从源头上化解各种"卡脖子"技术瓶颈背后的重大科学问题。要弘扬企业家精神，发挥企业在技术创新中的主体作用，推动产业链上中下游、大中小企业融通创新，使企业成为创新要素集成、科技成果转化的生力军。要坚持开放创新，加强国际科技交流合作。要实施产业基础再造和产业链提升工程，巩固传统产业优势，强化优势产业领先地位，着力打造自主可控、安全可靠的产业链、供应链，抓紧布局战略性新兴产业、未来产业，提升产业基础高级化和产业链现代化水平，全面提高我国经济发展的质量、效益和国际竞争力。

坚持更大力度破除体制机制障碍，使各项改革朝着推动形成新发展格局聚焦发力。加快构建新发展格局面临不少新情况、新问题，要善于运用改革思维和改革办法去解决。要把增强市场主体活力和发展的内生动力作为改革的出发点和立足点。要强化竞争政策的基础性地位，全面实施市场准入负面清单制度，全面落实公平竞争审查制度，打造市场化、法治化、国际化营商环境，依法平等保护国有、民营、外资等各种所有制企业产权和自主经营权，促进各类市场主体公平竞争。要加快国有经济布局优化和结构调整，深化国资国企改革。要以要素市场化配置改革为重点，加快建设统一开放、竞争有序的市场体系，实现要素价格市场决定、流动自主有序、配置高效公平。要以保护产权、维护契约、统一市场、平等交换、公平竞争、有效监管为基本导向，不断完善社会主义市场经济法治体系。要构建亲清政商关系，真正让市场在资源配置中起决定性作用，同时要更好发挥政府作用。

坚持扩大高水平对外开放，打造国际合作和竞争新优势。要适应新发展格局的要求，对接国际高标准市场规则体系，实行更加积极主动的开放战略，实施更大范围、更宽领域、更深层次的全面开放，在更高水平开放中促进国内国际双循环。要加快构建全方位、多层次、多元化的开放合作格局，"凡是愿意同我们合作的国家、地区和企业，包括美国的州、地方和企业，我们都要积极开展合作"，特别要重视与欧盟、日本等发达经济体的开放合作，推动共建"一带一路"走深走实和高质量发展。要加快国内自由贸易试验区、自由贸易港建设，促进形成对外开放新高地，健全外商投资准入前国民待遇加负面清单管理制度，推动规则、规制、管理、标准等制度型开放。要加强国际产业安全合作，形成具有更强创新力、更高附加值、更安全可靠的产业链供应链。要抓住新冠肺炎疫情后的共识，推动与金砖国家和其他国家之间的数字经济合作，打造具有国际竞争力的数字产业集群。要积极参与全球经济治理体系改革，促进贸易和投资自由化便利化，推动构建更高水平的国际经贸规则，形成更加公平合理的国际经济治理体系。

坚持完善宏观经济治理，实现稳增长和防风险长期均衡。加快构建新发展格局有赖于一个稳定、可预期的宏观环境。要充分发挥制度优势，健全以"十四五"规划和2035年远景目标为战略导向，财政、货币、就业、投资、消费、产业、区域等各类政策的协调和协同的顶层设计。要把握好宏观调控时度效，发挥好宏观政策逆周期调节作用。要健全中央银行货币政策决策机制，完善基础货币投放机制，推动货币政策从数量型调控为主向价格型调控为主转型。要更好发挥财政政策对经济结构优化升级的支持作用，健全货币政策和宏观审慎政策双支柱调控框架。要完善政府市场监管、社会管理、公共服务、生态环境保护等职能，进一步提高宏观经济治理能力。要坚持底线思维，高度重视经济、科技、社会等领域的风险，早识别、早预警、早发现、早处置，既要有防范风险的先手，也要有应对和化解风险挑战的高招；既要打好防范和抵御风险的有准备之战，也要打好化险为夷、转危为机的战略主动战，力争不出现重大风险，即使出现重大风险也能扛得住、过得去。

（本文发表于《管理世界》2020年第11期）

深入学习和贯彻新发展格局理论

党的十九届五中全会提出了"十四五"时期经济社会发展指导思想和必须遵循的原则，强调要统筹发展和安全，加快建设现代化经济体系，加快构建以国内大循环为主体、国内国际双循环相互促进的新发展格局，推进国家治理体系和治理能力现代化，不断提高贯彻新发展理念、构建新发展格局能力和水平。2020 年以来，习近平总书记多次就如何科学认识和深刻把握国内外大势，统筹发展和安全作出重要论述，形成了关于加快构建以国内大循环为主体、国内国际双循环相互促进的新发展格局理论（以下简称"新发展格局理论"）。这一理论，是习近平新时代中国特色社会主义思想的重要组成部分，是马克思主义政治经济学的最新理论成果，为我国新发展阶段统筹中华民族伟大复兴战略全局和世界百年未有之大变局，谋划和开展经济工作提供了根本遵循和行动指南。

一、深刻认识加快构建新发展格局的重大战略意义

加快构建以国内大循环为主体、国内国际双循环相互促进的新发展格局，是根据我国发展阶段、环境、条件变化作出的战略决策，是事关全局的系统性深层次变革。明者因时而变，知者随事而制。以国内大循环为主体是统筹发展与安全，使高质量发展的安全之基筑得更牢；国内国际双循环相互促进是统筹国内国际两个大局，使国民经济循环更加畅通高效。

新阶段下扎实推动经济高质量发展的战略选择。我国已转向高质量发展阶段，社会主要矛盾已经转化为人民日益增长的美好生活需要和不平衡不充分的发展之间的矛盾。发展不平衡不充分，主要表现为创新能力不适应高质量发展要求，城乡区域发展和收入分配差距较大，民生保障存在短板，生态环保任重道远，社会治理还有弱项等。解决发展不平衡不充分问题，推动高质量发展，必须从各个环节、各个部门、各个领域全面畅通国内大循环，必须立足国内国际双循环相互促进。

新环境下实现更为安全发展的必由之路。今后一个时期，我们将面对更多逆风逆水的外部环境，必须做好应对一系列新的风险挑战的准备。以国内大循环为主体，就能用国内市场之盈补海外市场之缺，就能用国内的稳定性确定性对冲国际的不稳定性不确定性，就能在变局中牢牢把握住我国经济发展的主动权。实现国内国际双循环相互促进，顺应和引领全球化历史潮流，就能在

推动构建人类命运共同体中实现更为安全的发展。

新条件下重塑竞争优势的重大举措。进入新发展阶段后，我国要素禀赋条件等已经发生深刻变化。要素成本低、环境容量大、外需贡献多等传统优势正在逐步减弱，同时国内生产总值将超过 100 万亿元人民币、中等收入群体超过 4 亿人、科技人力资源总量超过 1 亿人等超大规模市场优势进一步显现。畅通国内大循环，实现以国内大循环为主体，是形成竞争新优势的基础。国内国际双循环相互促进，才能不断巩固和增强竞争新优势。

二、准确理解新发展格局理论的科学内涵

新发展格局理论具有丰富的科学内涵，是马克思主义经济循环和社会再生产理论的最新成果。

发展了新发展理念。党的十八大以来，以习近平同志为核心的党中央继承和发展了马克思主义关于科学发展的理论，形成了以创新、协调、绿色、开放、共享为主要内容的新发展理念。2020 年以来，习近平总书记多次强调要统筹发展与安全，强调必须把新发展理念贯穿发展全过程和各领域，实现更高质量、更有效率、更加公平、更可持续、更为安全的发展。新发展格局理论在实现更高质量、更有效率、更加公平、更可持续的发展基础上，强调了"更为安全"的发展目标要求，这是对新发展理念的新贡献。

拓展了总体国家安全观。当前我国国家安全内涵和外延比历

史上任何时候都要丰富，时空领域比历史上任何时候都要宽广，内外因素比历史上任何时候都要复杂，必须坚持总体国家安全观，建设更高水平的平安中国。新发展格局理论，把新发展理念和总体国家安全观有机结合起来，把安全发展贯穿国家发展各领域和全过程，把加快突破关键核心技术作为关键，筑牢保障国家安全的经济技术基础。新发展格局理论就是要求全党认清形势，未雨绸缪，统筹好发展与安全这两件大事，做好应对任何情况下和任何形式的矛盾风险挑战的准备。

立足于国内市场优势和潜力。改革开放40多年来，经过全国人民的不懈奋斗，我国目前拥有规模庞大、供求多元、创新活跃、拉动力强的内需市场。这使我国有条件也完全有能力形成兼具活力和韧性的国内大循环。新发展格局理论正是以这一超大规模市场优势为基点，科学统筹供给与需求、发展与安全、国内与国际，以强大内需、巨大市场和完整产业链为保障，以创新驱动、高质量供给引领和创造新需求，推动国内国际双循环相互促进，全面促进消费，拓展投资空间。

推进更深层次的改革。改革是解放和发展社会生产力的关键，是推动国家发展的根本动力。新发展格局理论强调以深化改革激发新发展活力，实现经济发展质量变革、效率变革和动力变革，使一切有利于社会生产力发展的力量源泉充分涌流。也就是说，要发挥显著制度优势，通过深层次改革，推动有效市场和有为政府更好结合，打通国民经济循环中的淤点堵点，激发各类市场主体活力，推动经济高质量发展。

扩大更高水平的开放。我国经济已高度融入世界，并不存在封闭的国内大循环。现在的问题不是要不要对外开放，而是如何拓宽对外开放范围和领域，全面提高对外开放水平。新发展格局理论高度重视对外开放，强调以高水平对外开放打造国际合作和竞争新优势，实现互利共赢。也就是说，通过更高水平开放，建设更高水平开放型经济新体制和开放型世界经济，实现国内国际双循环相互促进，以开放促发展、促合作、促共赢。

激发更有质量的创新。科学技术从来没有像今天这样深刻影响着国家前途命运，从来没有像今天这样深刻影响着人民生活福祉，因此我们更要大力提升自主创新能力，把科技自立自强作为国家发展的战略支撑。新发展格局理论高度重视科技创新对高质量发展和国内大循环的关键作用。也就是说，通过科技创新牢牢把握创新主动权、发展主动权，实现动能更加强劲、发展更为安全的国内大循环，实现国内循环和国际循环的相互促进。

三、在全面贯彻新发展格局理论中育先机开新局

理论源于实践，又用来指导实践。谋划和推动"十四五"及未来一个时期我国经济社会发展，必须把加快构建新发展格局作为贯穿我国发展全局和全过程的大逻辑，实现更高质量、更有效率、更加公平、更可持续、更为安全的发展。

坚持供给侧结构性改革战略方向，提升供给体系对国内需求

的适配性。继续坚持以供给侧结构性改革为主线，按照"巩固、增强、提升、畅通"八字方针，提升供给体系对国内需求的适配性。要高度重视降成本，继续减税降费、减租降息，帮助企业解决面临的各方面难题。要加大对5G、人工智能等新型基础设施投资和企业技术改造力度，加快补齐公共服务体系的短板。要鼓励引导企业加强技术改造，提升产业链水平。要畅通国民经济循环，以推动实体经济、金融业、房地产业等部门报酬结构再平衡为重点，引导各类资源和生产要素更多流向实体经济。

坚持扩大内需这个战略基点，畅通国内市场主导的国民经济循环。以国内大循环为主体，关键是打通生产、分配、流通、消费各个环节内部和相互之间的障碍。要减少和消除制度、技术、成本等方面的制约，提供高质量产品和服务供给；健全体现效率、促进公平的收入分配制度，稳步提高居民收入，扩大中等收入群体；进一步发展高效的流通和物流体系，大幅减少各种交易环节和交易成本；以强化市场科学监管为重点，塑造干净透明、活力高效的消费环境，不断满足消费升级对高质量产品和服务的需求。

坚持以增强科技创新能力为核心，提高产业链供应链稳定性、安全性和竞争力。要发挥集中力量办大事的制度优势、超大规模市场优势和完备产业体系的配套优势，创造有利于新技术快速大规模应用和迭代升级的机会，加速科技成果向现实生产力转化。要弘扬企业家精神，发挥企业在技术创新中的主体作用，使企业成为创新要素集成、科技成果转化的生力军。要弘扬科学家精神，提高基础创新和原始创新能力，从源头上化解各种"卡脖子"技术瓶颈。要坚持开放创新，加强国际科技交流合作。要实施产业基础再造和产业链提升工程，抓紧布局战略性新兴产业、未来产业，推进产业基础高级化、产业链现代化，增强产业链供应链稳定性、安全性和竞争力，提高经济质量和效益。

坚持更大力度破除体制机制障碍，使各项改革朝着推动构建新发展格局聚焦发力。要强化竞争政策的基础性地位，全面实施市场准入负面清单制度，全面落实公平竞争审查制度，打造市场化、法治化、国际化营商环境，依法平等保护国有、民营、外资等各种所有制企业产权和自主经营权。要加快建设统一开放、竞争有序的市场体系，实现要素价格市场决定、流动自主有序、配置高效公平。要以保护产权、维护契约、统一市场、平等交换、公平竞争、有效监管为基本导向，不断完善社会主义市场经济法治体系。

坚持扩大高水平对外开放，打造国际合作和竞争新优势。要适应新发展格局的要求，对接国际高标准市场规则体系，实施更大范围、更宽领域、更深层次对外开放。要加快形成全方位、多层次、多元化的开放合作格局，推动共建"一带一路"走深走实和高质量发展。要加快国内自由贸易试验区、自由贸易港建设，促进形成对外开放新高地，健全外商投资准入前国民待遇加负面清单管理制度，推动规则、规制、管理、标准等制度型开放。要积极参与全球经济治理体系改革，促进贸易和投资自由化便利化，推动构建更高水平的国际经贸规则和形成更加公平合理的国际经济治理体系。

坚持完善宏观经济治理，实现稳增长和防风险长期均衡。加快构建新发展格局有赖于一个稳定、可预期的宏观环境。要充分发挥制度优势，健全以"十四五"规划和2035年远景目标为战略导向，各类改革政策协调和协同的顶层设计。要发挥好宏观政策逆周期调节作用，完善基础货币投放机制，更好发挥财政政策对结构优化和产业升级的支持作用。要完善政府市场监管、社会管理、公共服务、生态环境保护等职能。要坚持底线思维，高度重视经济、科技、社会等领域风险，早识别、早预警、早发现、早处置，力争不出现重大风险，即使出现重大风险也能扛得住、过得去。

（本文发表于《学习时报》2020年11月2日）

新时代经世济民的思想丰碑

党的十八大以来，习近平同志以马克思主义政治家、理论家的深刻洞察力、敏锐判断力和强烈的历史担当精神，深刻回答了新时代中国经济怎么看和经济工作怎么干等重大问题，形成了以新发展理念为主要内容的习近平新时代中国特色社会主义经济思想。这一立足国情、放眼世界、引领未来的经济思想，闪耀着马克思主义真理光芒，是中国特色社会主义政治经济学的最新成果，是对改革开放以来特别是新时代中国经济建设实践经验的深刻总结，是做好新时代经济工作的根本遵循，也为解决人类发展问题贡献了中国智慧和中国方案。

一、坚持加强党对经济工作的集中统一领导

党的十八大以来，以习近平同志为核心的党中央观大势、谋全局、干实事，坚持稳中求进工作总基调，成功驾驭了我国经济发展大局，我国经济实力再上新台阶，社会主义现代化事业沿着

正确方向胜利前进。这些成就的取得，根本在于坚持党中央对经济工作的集中统一领导，在于习近平新时代中国特色社会主义经济思想的科学指导。

党政军民学，东西南北中，党是领导一切的。党的领导是中国特色社会主义最本质的特征，是中国特色社会主义制度的最大优势。我们党是执政党，经济工作是党治国理政的中心工作。抓好经济工作，我们党责无旁贷、义不容辞，党中央必须对经济工作负总责、实施全面领导。加强党对经济工作的集中统一领导，有利于集思广益、凝聚共识，有利于调动各方、形成合力。在2017年中央经济工作会议上，习近平同志突出强调，坚持加强党对经济工作的集中统一领导，保证我国经济沿着正确方向发展。面对新时代新任务、新机遇新挑战，只有牢固树立"四个意识"，自觉维护党中央权威和集中统一领导，坚持以习近平新时代中国特色社会主义经济思想指导经济工作，坚持加强党对经济工作的集中统一领导，全面提高党领导经济工作的能力和水平，才能决胜全面建成小康社会，乘势而上开启全面建设社会主义现代化国家新征程。

二、坚持以人民为中心的发展思想

"为政之道，以顺民心为本，以厚民生为本"。民生始终是习近平同志念兹在兹的重大关切。发展为了人民、发展依靠人民、发展成果由人民共享，是习近平新时代中国特色社会主义经济思想贯穿始终的一条"红线"。习近平同志指出，带领人民创造美好生活，是我们党始终不渝的奋斗目标。必须始终把人民利益摆在至高无上的地位，让改革发展成果更多更公平惠及全体人民，朝着实现全体人民共同富裕不断迈进。"小康不小康，关键看老乡""推动居民收入增长和经济增长同步""绿水青山就是金山银山""让老百姓呼吸上新鲜的空气、喝上干净的水、吃上放心的食物、生活在宜居的环境中""把人民健康放在优先发展战略地位"等，习近平同志的这些重要指示已经深入人心，成为引领经济社会发展的重要指针。

以人民为中心的发展思想充分体现了人民是推动发展的根本力量的唯物史观，是对马克思主义关于人的自由全面发展思想的继承和发展，是对中华优秀传统文化的传承和发扬，反映了中国特色社会主义的本质要求。党的十八大以来，我们党深入贯彻以人民为中心的发展思想，一大批惠民举措落地生根，城乡居民收入持续增长，脱贫攻坚取得历史性成就，以人为本的新型城镇化顺利推进，生态环境治理取得明显进展，作为国家主人的亿万人民更多更公平地分享改革发展成果。当前，中国特色社会主义进入新时代，我们要把以人民为中心的发展思想贯穿到统筹推进"五位一体"总体布局和协调推进"四个全面"战略布局之中，始终坚持把人民对美好生活的向往作为奋斗目标，不断满足人民日益增长的美好生活需要，不断促进社会公平正义，形成有效的社会治理、良好的社会秩序，使人民获得感幸福感安全感更加充实、更有保障、更可持续。

三、坚持立足大局把握经济社会发展规律

做好经济工作，首先要对所处发展阶段有正确判断，对发展规律有准确把握。党的十八大以来，习近平同志准确把握我国经济社会发展规律，深刻洞察经济发展阶段演进和经济运行走势，作出了我国经济发展进入新常态的重大判断。习近平同志指出，当前，我国经济发展呈现速度变化、结构优化、动力转换三大特点。适应新常态、把握新常态、引领新常态，是当前和今后一个时期我国经济发展的大逻辑。要适应和把握我国经济发展进入新常态的趋势性特征，彻底抛弃用旧的思维逻辑和方式方法再现高增长的想法，坚持变中求新、变中求进、变中突破，走出一条质量更高、效益更好、结构更优、优势充分释放的发展新路。

经济发展进入新常态的重大判断，科学回答了我国经济所处的发展阶段和历史方位，揭示了新阶段经济运行的客观规律，对于我们科学应对国际金融危机，顶住经济下行压力，确保经济始终运行在合理区间，发挥了重大作用。在此基础上，2017 年的中央经济工作会议作出"中国特色社会主义进入了新时代，我国经济发展也进入了新时代，基本特征就是我国经济已由高速增长阶段转向高质量发展阶段"的重大判断，进一步深化了对经济社会发展规律的认识，明确了推动高质量发展是当前和今后一

个时期确定发展思路、制定经济政策、实施宏观调控的基本
要求。

四、坚持以新发展理念引领高质量发展

理念是行动的先导。党的十八大以来，以习近平同志为核心的党中央提出创新、协调、绿色、开放、共享的新发展理念，把我们党关于发展的理论提升到新境界。五大发展理念相互贯通、相互促进，是具有内在联系的集合体。其中，创新解决的是发展动力问题，协调解决的是发展不平衡问题，绿色解决的是人与自然和谐问题，开放解决的是内外联动问题，共享解决的是社会公平正义问题。从适应、把握、引领经济发展新常态到以新发展理念引领高质量发展，集中体现了以习近平同志为核心的党中央对经济社会发展规律的新认识。

新发展理念是习近平新时代中国特色社会主义经济思想的主要内容，是新时代推动高质量发展的战略指引和根本遵循，是中国在全球发展舞台上发出的中国声音。高质量发展，就是能够很好满足人民日益增长的美好生活需要的发展，是体现新发展理念的发展，是创新成为第一动力、协调成为内生特点、绿色成为普遍形态、开放成为必由之路、共享成为根本目的的发展。推动高质量发展，必将有力推动我国成功跨越"中等收入陷阱"，必将有力推动我国进一步走近世界舞台中央，必将极大丰富世界发展思想宝库中的中国元素。

五、坚持把推进供给侧结构性改革作为经济工作主线

举一纲而万目张，解一卷而众篇明。抓主要矛盾和矛盾的主要方面，是马克思主义唯物辩证法的重要方法论。进入新时代，原有发展模式下的旧问题和新阶段产生的新问题相互交织，单纯依靠需求侧的"三驾马车"已经难以有效解决发展动力问题，更难以解决发展质量问题，迫切需要从供给侧发力，着力解决供求不匹配和重大结构性失衡问题。习近平同志指出，供给侧结构性改革，最终目的是满足需求，主攻方向是提高供给质量，根本途径是深化改革；必须把改善供给侧结构作为主攻方向，从生产端入手，提高供给体系质量和效率，扩大有效和中高端供给，增强供给侧结构对需求变化的适应性，推动我国经济朝着更高质量、更有效率、更加公平、更可持续的方向发展。

供给侧结构性改革是解决当前我国经济诸多难题的良方，是我国形成优质高效多样化供给体系的关键，是一个融结构优化和改革创新于一体的系统设计。可以说，从"三期叠加"到"新常态"再到供给侧结构性改革，是一个实践探索、认识深化的过程，既解决了对经济形势"怎么看"的问题，又为"怎么干"指明了方向。近年来，我们坚持以供给侧结构性改革为主线，努力推进去产能、去库存、去杠杆、降成本、补短板，着力振兴实体经济，深入实施质量战略，推动创新驱动发展，增强国有经济活力、控制力和影响力，激发非公有制经济活力和创造力，不断

为经济发展注入强大动力。当前，应坚持以供给侧结构性改革为主线，建设现代化经济体系，促进我国经济加快向形态更高级、分工更优化、结构更合理的阶段演化，推动高质量发展不断取得新进展。

六、保持战略定力，坚持底线思维

底线思维能力，就是根据客观实际设定最低目标，立足最低点，争取最大期望值的能力。当前，我国正处于跨越"中等收入陷阱"并向高收入国家迈进的历史阶段，经济、政治、文化、社会、生态以及军事等各方面风险交织叠加，面临的矛盾和问题尖锐复杂。习近平同志多次强调："要善于运用'底线思维'的方法，凡事从坏处准备，努力争取最好的结果，这样才能有备无患、遇事不慌，牢牢把握主动权。"事实说明，只有对事物发展的最坏结果进行预判，凡事从坏处准备，才能守住底线，努力争取最好的结果。保持战略定力，坚持底线思维，就要把防风险摆在突出位置，"图之于未萌，虑之于未有"，力争不出现重大风险，即使出现重大风险也能扛得住、过得去。

防范化解重大风险是党的十九大确定的三大攻坚战之一，是我国经济持续健康发展的重要保障，是实现"两个一百年"奋斗目标和中华民族伟大复兴中国梦的必要条件，也是对底线思维的创造性运用。防范化解经济领域的重大风险，关键是预防和化解金融风险，坚决守住不发生系统性风险的底线。习近平同志高度重视经济金融安全，认为维护金融安全是关系我国经济社会发展全局的一件带有战略性、根本性的大事，强调"金融稳，经济稳"。抓住金融安全就抓住了经济风险防范的"七寸"。党的十八大以来，我们坚持底线思维，把金融风险防范放在更加突出的位置，妥善应对"钱荒"和汇市股市异常波动等风险，及时处理金融大案要案，维护了国家经济安全。新时代，只要我们按照习近平同志的要求，把握好回归本源、优化结构、强化监管、市场导向等做好金融工作的重要原则，强化风险防范的顶层设计，处理好治标与治本、国际与国内的关系，就一定能守住不发生系统性风险的底线，确保国家长治久安和人民安居乐业。

（本文发表于《人民日报》2018 年 3 月 22 日）

中国发展战略的回顾与展望

自辛亥革命以来，振兴中华、实现中华民族的伟大复兴，一直是亿万中华儿女的神圣历史追求和伟大梦想。1949 年新中国成立以后，中国共产党人肩负起实现中华民族伟大复兴的历史使命，历代党和国家领导集体以建设社会主义现代化强国为目标，因应不同时期中国经济社会发展的内部条件与外部环境，制定并践行了与时俱进的中国发展战略。

一、中共第一代领导集体提出并实施"四个现代化"战略

改变旧中国极端贫穷落后的面貌，使中华民族自立于世界民族之林，成为富强、民主、文明的国家，是以毛泽东同志为核心的中国共产党第一代领导集体矢志不渝的奋斗目标。历经多年的实践与探索，以建设社会主义现代化强国为核心，中国共产党第一代领导集体逐步形成并确立了以实现工业现代化、农业现代

化、科学技术现代化和国防现代化为目标的"四个现代化"国家发展战略。

（一）形成"四个现代化"战略的曲折历程

新中国成立之后，以毛泽东同志为核心的中国共产党第一代领导集体提出的"四个现代化"发展战略，是在中国经济社会发展建设的实践中逐步形成的，从 1954 年提出实现工业现代化，到 1957 年提出实现工业现代化、农业现代化和科学文化现代化，再到 1963 年将实现工业现代化、农业现代化、科学技术现代化和国防现代化确立为国家发展战略，最后到 1975 年重申"四个现代化"为国家发展战略，经历了一个曲折复杂又有不少历史经验和教训需要总结和汲取的过程。

根据 1949 年 9 月 29 日通过的《中国人民政治协商会议共同纲领》，1949 年 10 月 1 日中华人民共和国中央人民政府成立。面对百废待兴的局面，新中国政府的首要任务是确立基本政治经济制度，恢复被战争严重破坏的国民经济，稳定物价，解决基本民生问题。历经 5 年的探索，中国在确立走社会主义道路总体方向的同时，也首次提出了逐步实现工业现代化的历史使命。1954 年 9 月 20 日，经第一届全国人民代表大会第一次会议全票通过的《中华人民共和国宪法》明确规定："中华人民共和国的人民民主制度，也就是新民主主义制度，保证我国能够通过和平的道路消灭剥削和贫困，建成繁荣幸福的社会主义社会。"在宪法序言中明确提出了过渡时期的总任务是实现社会主义工业化："从中华人民共和国成立到社会主义社会建成，这是一个过渡时期。国家在过渡时期的总任务是逐步实现国家的社会主义工业化，逐步完成对农业、手工业和资本主义工商业的社会主义改造。"这是中国首次将工业化确定为国家现代化发展的战略目标。

在 1949 年到 1952 年国民经济顺利恢复的基础上，新中国从 1953 年开始实施了第一个五年计划，这一时期的主要任务是建立中国社会主义工业化的基础，同时推进对私营工商企业的社会主义改造。到 1956 年，第一个五年计划规定的各项任务提前完成，"一五"期间国内生产总值年均增速 9.4%，1957 年钢产量、粮食产量分别达到 535 万吨和 1.95 亿吨，超出计划目标（钢 412 万吨、粮食 1.9 亿吨）的 30% 和 2.6%。国民经济的较快发展，坚定了中国政府走社会主义道路的信心。在总结第一个五年计划成功经验的基础上，毛泽东将中国国家现代化的战略目标从工业现代化提升为工业现代化、农业现代化和科学文化现代化。1957 年 2 月 27 日，毛泽东在《关于正确处理人民内部矛盾的问题》的讲话中指出，中国工业化道路的问题，主要是指重工业、轻工业和农业的发展关系问题，中国经济建设是以重工业为核心，但必须同时注意发展轻工业和农业，中国是一个农业大国，发展工业必须和发展农业并举。在这篇文章中，毛泽东首次将农业现代化和工业现代化列为同等重要的国家发展战略。随后，1957 年 3 月 12 日，毛泽东在《在中国共产党全国宣传工作会议上的讲话》中更为明确地提出，"我们现在是处在一个社会大变动的时期。……巩固社会主义制度的斗争，社会主义和资本主义谁战胜谁的斗争，还要经过一个很长的历史时期。但是，我们大家都应该看到，这个社会主义的新制度是一定会巩固起来的。我们一定会建设一个具有现代工业、现代农业和现代科学文化的社会主义国家"。

1958年中国开始实施第二个五年计划。由于这一时期出现了脱离实际的"大跃进"运动，加上随后出现的自然灾害和苏联的背信弃义，中国经济从1959年开始遇到了很大困难，第一产业增加值在1959年和1960年分别下降了15.9%和16.4%，工业增加值在1961年下降41.9%。面对严峻复杂的国内外形势，毛泽东和党中央带领全国人民共克时艰，同时不断总结"四个现代化"建设的经验和教训，学习和研读苏联《政治经济学》，探索社会主义经济建设的规律。1959年12月到1960年2月，毛泽东在研读苏联《政治经济学教科书》后提出，"建设社会主义，原来要求是工业现代化，农业现代化，科学文化现代化，现在要加上国防现代化"。至此，以毛泽东同志为核心的中国共产党第一代领导集体关于中国实现"四个现代化"的国家发展战略框架基本形成。

鉴于"三年困难时期"经济发展存在的国民经济比例严重失调、市场供应紧张、通货膨胀严重、人民生活水平下降等问题，1960年冬天，党中央决定对国民经济实行为期3年的"调整、巩固、充实、提高"的整顿政策。在度过"三年困难时期"

后，中国经济从 1963 年开始恢复快速增长，1963—1965 年，中国国内生产总值、第一产业增加值和工业增加值年均增速分别高达 15.2%、11.3% 和 21.5%，粮食产量在 1965 年也恢复到 1.95亿吨的水平。

在经济较快恢复的同时，"四个现代化"也从中央领导集体在不同场合的表述提升为正式的国家发展战略。1963 年 1 月 29日，周恩来在上海市科学技术工作会议上，将"四个现代化"重新表述为农业现代化、工业现代化、国防现代化和科学技术现代化，以科学技术现代化代替了毛泽东原先提出的科学文化现代化，他在会议中说，"我国过去的科学基础很差。我们要实现农业现代化、工业现代化、国防现代化和科学技术现代化，把我们祖国建设成为一个社会主义强国，关键在于实现科学技术的现代化"。1963 年 9 月，在中共中央工作会议上，周恩来首次提出了实现"四个现代化"的"两步走"战略，第一步是建立一个独立的、比较完整的工业体系和国民经济体系，使中国工业大体接近世界先进水平；第二步是使我国工业走在世界前列，全面实现农业、工业、国防和科学技术现代化。在第二届全国人民代表大会第四次会议上，将"四个现代化"正式作为国家的中长期发展战略，会议号召全国人民奋发图强，自力更生，为把中国建设成为一个具有现代农业、现代工业、现代国防和现代科学技术的强大的社会主义国家而奋斗。在 1964 年 12 月 20 日到 1965 年 1月 4 日召开的第三届全国人民代表大会第一次会议上，周恩来向全国人民宣布实现"四个现代化"的任务和"两步走"发展战略:"今后发展国民经济的主要任务,总的说来,就是要在不太长的历史时期内,把我国建设成为一个具有现代农业、现代工业、现代国防和现代科学技术的社会主义强国,赶上和超过世界先进水平。为了实现这个伟大的历史任务,从第三个五年计划开始,我国的国民经济发展,可以按两步来考虑:第一步,建立一个独立的比较完整的工业体系和国民经济体系;第二步,全面实现农业、工业、国防和科学技术的现代化,使我国经济走在世界的前列。"

1966 年以后,中国尽管发生了"文化大革命"十年浩劫,但国家的"四个现代化"发展战略并未改变。在 1975 年 1 月召开的第四届全国人民代表大会第一次会议上,周恩来代表党和国家,在《政府工作报告》中重申了分两步走、全面实现"四个现代化"的战略。他指出,"从第三个五年计划开始,我国国民经济的发展,可以按两步来设想:第一步,用十五年时间,即在一九八〇年以前,建成一个独立的比较完整的工业体系和国民经济体系;第二步,在本世纪内,全面实现农业、工业、国防和科学技术的现代化,使我国国民经济走在世界的前列"。

(二)"四个现代化"战略目标的实施与进展

"四个现代化"战略的第一步目标,是在 1980 年以前建成一个独立的比较完整的工业体系和国民经济体系。从中国经济发展的实践看,尽管经历了"大跃进"运动、"三年困难时期"和十年"文化大革命"的冲击，到 1978 年，"四个现代化"战略的第一步发展目标总体上来说还是基本实现了。

从经济发展规模看，中国国内生产总值规模从 1952 年的 679 亿元增加到 1978 年的 3678 亿元，扣除价格因素，增长了 4.74 倍，年均增长 4.42%。第一产业增加值和第三产业增加值分别从 1952 年的 343 亿元和 195 亿元增加到 1978 年的 1018 亿元和 905 亿元，扣除价格因素，分别增长了 1.7 倍和 3.94 倍，年均增速分别为 1.48% 和 3.88%。作为"四个现代化"战略的发展重点，第二产业和工业发展较快，增加值分别从 1952 年的 141 亿元和 120 亿元增加到 1978 年的 1755 亿元和 1621 亿元，扣除价格因素，分别增长了 15.24 倍和 16.94 倍，年均增速分别高达 7.86% 和 8.18%。

从主要产品产量看，粮食、原煤、原油、生铁、钢、发电量、水泥、平板玻璃、纱、布、糖等工农业产品产量也大幅度增加，分别从 1952 年的 16393 万吨、0.66 亿吨、44 万吨、193 万吨、135 万吨、73 亿千瓦时、286 万吨、198 万重量箱、65.6 万吨、38.3 亿米、45 万吨，增加到 1978 年的 30476.5 万吨、6.18 亿吨、10405 万吨、3479 万吨、3178 万吨、2566 亿千瓦时、6524 万吨、1784 万重量箱、238.2 万吨、110.3 亿米、227 万吨，分别增长了 1.86 倍、9.36 倍、236.48 倍、18.03 倍、23.54 倍、35.15 倍、22.81 倍、9.01 倍、3.63 倍、2.88 倍、5.04 倍。化学纤维、汽车产量等产品产量也大幅度增加，分别从 1957 年的

0.02 万吨和 0.79 万辆增加到 1978 年的 28.46 万吨和 14.91 万辆。

从经济体系看，经过近 30 年的发展，中国已形成了比较完善的国民经济体系，特别是重工业体系，建立了食品加工制造业、纺织工业、家用电器、石油化工、电子工业和汽车、飞机、机床等装备制造业在内的工业制造业生产体系，基本实现了"四个现代化"战略的第一步发展战略目标。同时也要看到，由于这一时期过于强调钢铁等重工业的发展，农业和工业、轻工业与重工业比例不够协调，国民经济的其他结构性矛盾也比较突出。

二、中共第二代领导集体提出并实施经济发展"三步走"战略

面对十年"文化大革命"后百废待兴的局面，以邓小平同志为核心的中国共产党第二代领导集体在果断进行改革开放的同时，借鉴继承第一代领导人的"四个现代化"发展战略，提出并实施了著名的经济发展"三步走"战略。

（一）提出"三步走"战略的历史背景

经过新中国成立之后近 30 年的努力奋斗，中国工业化建设取得了巨大成就，但总体上经济发展水平仍然落后，人民群众生活困难。1978 年，中国人均国内生产总值只有 156.4 美元，仅相当于同年低收入国家人均国内生产总值（252.4 美元）的

62%。同时，还存在大量贫困人口，1978年中国农村贫困发生率高达97.5%，有7.7亿人处于贫困状态。

1978年12月召开的中国共产党十一届三中全会，是关系到中国发展命运、具有历史转折性意义的重要会议。这一会议开启了中国改革开放的大幕，邓小平在会议闭幕式上作了题为《解放思想，实事求是，团结一致向前看》的重要讲话，会议批评了"两个凡是"的方针，高度评价了关于真理标准问题的讨论，实现了中国共产党思想路线、政治路线、组织路线的拨乱反正，作出了把全党工作的着重点和全国人民的注意力转移到社会主义现代化建设上来和实行改革开放的重大决策，开启了农村经济体制改革和中国经济体制市场化改革的历史进程。

（二）经济发展"三步走"战略的提出

在启动改革开放的同时，以邓小平同志为核心的中国共产党第二代领导集体也对中国"四个现代化"第二步发展目标，即到2000年全面实现"四个现代化"进行了深度思考和相应的调整。1979年12月6日，邓小平在与到访中国的日本首相大平正芳会谈时说："我们要实现的四个现代化，是中国式的四个现代化。我们的四个现代化的概念，不是像你们那样的现代化的概念，而是'小康之家'。到本世纪末，中国的四个现代化即使达到了某种目标，我们的国民生产总值人均水平也还是很低的。要达到第三世界中比较富裕一点的国家的水平，比如国民生产总值人均一千美元，也还得付出很大的努力。……中国到那时也还是一个小康的状态。"1987 年 3 月 8 日，邓小平在会见坦桑尼亚总统姆维尼时，进一步将小康水平调整为人均国民生产总值达到800 到 1000 美元。

邓小平提出的"小康社会"目标，1982 年被纳入党的十二大报告之中，正式成为党和国家发展战略。胡耀邦在题为《全面开创社会主义现代化建设的新局面》的报告中指出："中国共产党在新的历史时期的总任务是：团结全国各族人民，自力更生，艰苦奋斗，逐步实现工业、农业、国防和科学技术现代化，把我国建设成为高度文明、高度民主的社会主义国家。""从一九八一年到本世纪末的二十年，我国经济建设总的奋斗目标是，在不断提高经济效益的前提下，力争使全国工农业的年总产值翻两番，即由一九八〇年的七千一百亿元增加到二〇〇〇年的二万八千亿元左右。实现了这个目标，我国国民收入总额和主要工农业产品的产量将居于世界前列，整个国民经济的现代化过程将取得重大进展，城乡人民的收入将成倍增长，人民的物质文化生活可以达到小康水平。"

在提出"小康社会"发展目标和推进改革开放的同时，邓小平也在不断思考中国的长期发展战略。1987 年 3 月 8 日，邓小平在会见坦桑尼亚总统姆维尼时指出，"第一个十年，一九八一至一九九〇年，国民生产总值翻一番估计不成问题，可以提前完成。第二个十年，即从一九九一年到本世纪末，再翻一番，从发展趋势看也是可靠的。……到本世纪末，尽管我们人均国民生产总值八百到一千美元不算多，但是年国民生产总值将超过一万亿美元。有了这个基础，再争取达到中等发达国家的水平是有希望的。"这是邓小平首次对中国"三步走"战略作出的初步描述。

1987年10月，中国共产党召开了第十三次全国代表大会。党的十三大报告首次明确提出了著名的经济发展"三步走"战略："党的十一届三中全会以后，我国经济建设的战略部署大体分三步走。第一步，实现国民生产总值比一九八〇年翻一番，解决人民的温饱问题。这个任务已经基本实现。第二步，到本世纪末，使国民生产总值再增长一倍，人民生活达到小康水平。第三步，到下个世纪中叶，人均国民生产总值达到中等发达国家水平，人民生活比较富裕，基本实现现代化。"

（三）经济发展"三步走"战略目标的进展与落实情况

经济发展"三步走"战略提出之后，中国的改革开放进程不断加快，经济社会进入加速发展时期。到1990年，"三步走"战略的第一步目标基本实现，到1998年，第二步发展的数量目标提前实现。

"三步走"战略的第一步目标是到1990年实现国民生产总值比1980年翻一番、解决人民的温饱问题。1987年党的十三大确立了"三步走"发展战略之后，中国加快了改革开放的进程。1988年的"物价闯关"，引发了严重的通货膨胀，随后3年不得不进行以"治理经济环境，整顿经济秩序，全面深化改革"为方针的调整，经济增速也出现了一定下滑，但总体上仍保持了年均 5.8% 的较快增长。到 1990 年，中国国民生产总值达到 18872.9 亿元，扣除价格因素，比 1980 年增长了 2.43 倍，超额完成比 1980 年翻一番的发展目标。到 1990 年，中国人均国民生产总值达到 1663 元，扣除价格因素，比 1980 年增长了 2.1 倍，也实现了比 1980 年人均国民生产总值翻一番的发展目标；按美元计算，1990 年中国人均国民生产总值达到 317.88 美元，已超过低收入国家平均水平（298.32 美元），接近中等偏下收入国家平均水平（474.31 美元）。从人均食品消费情况看，城乡居民的人均粮食、蔬菜、食油、猪牛羊肉、蛋类、水产品等主要食品消费量均大幅度增加，增幅均在 1 倍以上，特别是肉类、蛋类和水产品等高蛋白食品消费量增幅都在 1.5 倍以上，中国城乡居民的温饱问题基本解决，食品消费结构也出现了明显改善。

　　"三步走"战略的第二步发展目标是到 2000 年国民生产总值比 1990 年再翻一番、人民生活达到小康水平（人均国民生产总值达到 800 美元）。基于 1990 年第一步发展目标顺利实现打下的良好基础，特别是在 1992 年邓小平南方谈话的指导下，1992 年 10 月召开的党的十四大提出了建立有中国特色社会主义市场经济体制的改革总目标，中国经济由此进入了高速发展新时期。到 1998 年，中国国民生产总值和人均国民生产总值分别达到 85195.5 亿元和 21157.6 元，扣除价格因素，分别比 1990 年增长了 2.31 倍和 2.11 倍，已提前完成比 1990 年翻一番的发展目标。

按美元计算，1998年中国人均国民生产总值达到828.58美元，超过中等偏下收入国家人均国民生产总值的平均水平（515.32美元）、接近中等收入国家人均国民生产总值的平均水平（1222.82美元），提前实现了"三步走"战略第二步发展目标中，人均国民生产总值达到800—1000美元的预定目标。

三、中国党和政府对"三步走"发展战略的完善与深化

鉴于"三步走"战略的第二步发展目标已提前实现，以江泽民同志为核心的中国共产党第三代领导集体在"三步走"战略前两步实践基础上，于2003年提出了到2020年全面建设小康社会的发展目标。以胡锦涛同志为总书记的党中央在践行全面建设小康社会发展目标的同时，于2007年对发展目标的内涵进行了完善与提升。

（一）提出全面建设小康社会发展目标的历史背景

基于中国经济的良好发展态势和有利的外部发展环境，以江泽民同志为核心的中国共产党第三代领导集体在1997年9月召开的党的第十五次全国代表大会上，正式提出了"两个一百年"发展战略目标。在题为《高举邓小平理论伟大旗帜，把建设有中国特色社会主义事业全面推向二十一世纪》的报告中，江泽民明确指出，"展望下世纪，我们的目标是，第一个十年实现国民生产总值比二〇〇〇年翻一番，使人民的小康生活更加宽裕，

形成比较完善的社会主义市场经济体制；再经过十年的努力，到建党一百年时，使国民经济更加发展，各项制度更加完善；到世纪中叶建国一百年时，基本实现现代化"。江泽民同志代表党中央首次提出的"两个一百年"发展目标，是"三步走"战略的深化和完善，重点是对邓小平同志提出的"第三步"发展目标又细化为两小步，即第一小步是 2010 年比 2000 年国民生产总值翻一番，使人民的小康生活更加富裕；第二小步是在此基础上再用十年，即到建党一百周年时，使国民经济更加发展。

在党的十五大提出"两个一百年"发展目标及"全面建设小康社会"初步架构的 1997 年，亚洲爆发了危及全球经济增长的金融危机，这一危机对 20 世纪末中国经济发展造成了冲击。但中国党和政府坚守人民币不贬值的国际承诺，通过深化改革、扩大内需、促进经济结构转型升级等政策措施，成功抵御了这次金融危机对中国经济的影响。尽管此时的小康仍是低水平的，但邓小平同志设想的第二步发展目标还是如期实现了。

（二）全面建设小康社会发展目标的提出及其内涵

在 2002 年 11 月 8 日召开的党的第十六次全国代表大会上，江泽民代表党中央作了题为《全面建设小康社会，开创中国特色社会主义事业新局面》的总报告，报告开篇即明确指出，党的十六大是中国共产党在开始实施社会主义现代化建设第三步战略部署的新形势下召开的一次十分重要的代表大会，大会的主题是"高举邓小平理论伟大旗帜，全面贯彻'三个代表'重要思想，继往开来，与时俱进，全面建设小康社会，加快推进社会主义现代化，为开创中国特色社会主义事业新局面而奋斗"。报告指出，中国已胜利实现了现代化建设"三步走"战略的第一步、第二步目标，人民生活总体上达到小康水平。"二十一世纪头二十年，对我国来说，是一个必须紧紧抓住并且可以大有作为的重要战略机遇期。根据十五大提出的到二〇一〇年、建党一百年和新中国成立一百年的发展目标，我们要在本世纪头二十年，集中力量，全面建设惠及十几亿人口的更高水平的小康社会，使经济更加发展、民主更加健全、科教更加进步、文化更加繁荣、社会更加和谐、人民生活更加殷实。这是实现现代化建设第三步战略目标必经的承上启下的发展阶段，也是完善社会主义市场经济体制和扩大对外开放的关键阶段。"

党的十六大报告对全面建设小康社会发展目标的内涵作出了进一步的细化，将"小康"的内涵拓展到"全面小康社会"所要求的经济总量、社会发展、科技文化、生态环境等领域。经济总量上，到2020年国内生产总值比2000年翻两番，基本实现工业化。社会发展上，城镇化程度大幅度提高，工农差别、城乡差别和地区差别扩大趋势得到扭转，社会保障体系比较健全，全面落实依法治国。科技文化上，全民思想道德素质、科学文化素质和健康素质明显提高，形成比较完善的现代国民教育体系、科技和文化创新体系、全面健康和医疗卫生体系。可持续发展上，生态环境得到改善，资源利用效率显著提高，人与自然和谐发展，推动整个社会走上生产发展、生活富裕、生态良好的文明发展道路。

（三）全面建设小康社会发展目标的实施情况与内涵提升

党的十六大以后，中国经济进入了又一个高速发展时期，2002—2007 年是改革开放以来经济增速持续回升最长的时期，也是人民生活水平明显提高的时期，国内生产总值年均增长 11.19%，十六大提出的全面建设小康社会的四大规划目标取得重大进展。

从经济总量看，2007 年中国国内生产总值规模和人均国内生产总值分别达到 27.02 万亿元和 2.05 万元，扣除价格因素，分别比 2000 年增长 2.05 倍和 1.97 倍，已基本完成全面建设小康社会第一阶段的经济总量发展目标，即到 2010 年实现国内生产总值规模比 2000 年翻一番。

社会发展方面，中国的城镇化程度从 2000 年的 36.22% 大幅度提高到 2007 年的 45.89%；社会保障体系也不断完善，初步建立了以城镇职工养老保险、医疗保险、失业保险和城镇居民最低生活保障制度为主的新型社会保障机制。但城乡居民的收入差距有所扩大，全国居民收入基尼系数从 2003 年的 0.479 提高到 2007 年的 0.484。

科技进步方面，中国自主创新发展能力不断增强，中国 PCT（Patent Cooperation Treaty，世界知识产权组织的专利合作协定）专利申请量从 2000 年的 781 件增加到 2007 年的 5455 件，占全世界 PCT 专利申请量的比重从 2000 年的 0.84% 提高到 2007 年的 3.41%。

生态发展方面，中国从 2000 年开始启动建设生态功能区的试点工作，加上 1999 年开始实施的退耕还林还草，中国生态环境持续改善，植被与生物多样化逐步恢复，森林覆盖率从 1998 年的 16.55% 提高到 2007 年的 18.2%。

随着全面建设小康社会的进展，以胡锦涛同志为总书记的党中央对全面建设小康社会的发展目标提出了更高要求。2007 年 10 月党的十七大召开，胡锦涛所作的题为《高举中国特色社会主义伟大旗帜，为夺取全面建设小康社会新胜利而奋斗》的报告提出，要坚持落实以人为本、全面协调可持续发展的科学发展观，在十六大确立的全面建设小康社会目标基础上对我国发展提出新要求：一是在经济发展方面，要增强发展协调性，转变发展方式，提高自主创新能力，建设创新型国家，进入创新型国家行列。二是在社会发展方面，要建立覆盖城乡居民的社会保障体系，基本消除绝对贫困现象。三是在生态文明方面，要大规模发展循环经济，主要污染物排放得到有效控制，生态环境质量明显改善。

尽管这一时期发生了席卷全球的金融危机，给中国经济带来了严峻的考验，但在党中央、国务院的坚强领导下，中国冷静应对、科学统筹，国民经济总体上运行在合理区间。到 2010 年，中国国内生产总值规模和人均国内生产总值分别达到了 41.3 万亿元和 3.08 万元，扣除价格因素，分别比 2000 年增长 2.72 倍和 2.58 倍，超额完成全面建设小康社会第一阶段经济总量翻一番的发展目标。2011 年和 2012 年中国经济继续保持了 9.5% 和 7.9% 的中高速增长，为全面建设小康社会的总量目标奠定了良好的基础。

从社会发展方面看，2007 年以后城乡居民收入差距开始缩小，城镇居民和农村居民可支配收入比率从 2007 年的 3.33 倍下降到 2012 年的 3.1 倍，全国居民收入基尼系数也从 2008 年的 0.491 下降到 2012 年的 0.474。社会保障制度更加完善，2007 年国务院颁发《关于在全国建立农村最低生活保障制度的通知》，中国逐步建立了以低水平、广覆盖为特征的社会保障制度体系。到 2012 年，中国人均国内生产总值达到 6337.88 美元，超过中等收入国家人均国内生产总值的平均水平（4774.64 美元）、接近中等偏上收入国家人均国内生产总值的平均水平（7949.7 美元），人民生活水平大幅度提升。

从技术进步情况看，2012 年中国 PCT 专利申请量提高到 18616 件，占全世界 PCT 专利申请量的比重提高到 9.53%，自主创新发展能力继续大幅度提升。

从生态环境看，2010 年国务院颁布了《全国主体功能区规划》，生态环境继续改善，2012 年全国森林覆盖率提高到 21.6%。2007 年到 2012 年期间中国能源消费总量尽管继续增加，但能源生产弹性系数在波动中呈持续下降趋势。主要污染物排放量持续下降，二氧化硫排放量从 2007 年的 2768 万吨下降到 2012 年的 2118 万吨。

2008 年到 2012 年的 5 年，是中国成功应对美国金融危机的负面冲击、经济保持高速增长的重要时期，也是中国经济发生重大转型的关键时期，内需对国民经济的贡献逐年增加，服务业快速增长，并成为国民经济第一大产业。面对国内经济的转型发展和经济社会发展内外部环境与条件的重大改变，2012 年 11 月召开了党的第十八次全国代表大会，胡锦涛代表党中央作了题为《坚定不移沿着中国特色社会主义道路前进，为全面建成小康社会而奋斗》的报告，报告在全面总结 2002 年到 2012 年中国经济社会发展成就的基础上，进一步明确了到 2020 年全面建成小康社会各项任务：一是到 2020 年实现国内生产总值和城乡居民人均收入比 2010 年翻一番。二是科技进步对经济增长的贡献率大幅上升，进入创新型国家行列。三是工业化基本实现，信息化水平大幅提升。四是城镇化质量明显提高，农业现代化和社会主义新农村建设成效显著，区域协调发展机制基本形成。五是对外开放水平进一步提高，国际竞争力明显增强。六是基本公共服务均等化总体实现。七是全民受教育程度和创新人才培养水平明显提高，进入人才强国和人力资源强国行列，教育现代化基本实现。八是就业更加充分。九是收入分配差距缩小，中等收入群体持续扩大，扶贫对象大幅减少。十是社会保障全民覆盖，人人享有基本医疗卫生服务，住房保障体系基本形成，社会和谐稳定。十一是主体功能区布局基本形成，资源循环利用体系初步建立。单位国内生产总值能源消耗和二氧化碳排放大幅下降，主要污染物排放总量显著减少。

四、党的十八大以后全面建成小康社会发展目标的进展与预期

党的十八大以后，以习近平同志为核心的党中央肩负起全面建成小康社会和全面深化改革的重任。从党的十八届三中全会制定全面深化改革的决议开始，党中央相继制定并实施全面深化改革、全面依法治国、全面加强党的建设、创新社会治理、推进精准扶贫等一系列重大治国方略，全力贯彻落实党的十八大提出的全面建成小康社会目标任务。从 2013—2017 年，中国经济社会发生了历史性变革，为到 2020 年全面建成小康社会打下了极为坚实的基础。

经济发展方面，全面建成小康社会要求到 2020 年经济规模和人均国内生产总值比 2010 年翻一番。按 2010 年价格计算，2017 年中国国内生产总值和人均国内生产总值分别达到了 68.8 万亿元人民币和 4.96 万元人民币，与翻一番目标仅分别相差 13.8 万亿元和 1.21 万元人民币。从目前经济发展的态势和潜在增长能力看，只要前进道路上不出大的风险，到 2020 年可以如期实现上述两个数量目标。

进入创新型国家行列方面，中国的自主创新能力已大幅度提

升，2017 年中国 PCT 专利申请量增加到 48875 件，占全球 PCT 专利申请量的比重已提高到 20.13%，超过日本（48206 件、占比 19.85%）、成为仅次于美国（56314 件、占比 23.19%）的第二大专利申请国，中国已经成为全球重要的创新型国家。

工业化和信息化建设方面，服务业在国内生产总值中的比重超过一半，2012 年以来中国已进入第三产业相对快速发展时期，整个经济社会发展已进入"互联网+"的信息化时代，并正在向智能制造快速发展。

协调发展方面，中国城镇化程度持续提高，2017 年城镇常住人口占比已提高到 58.25%。农业现代化和社会主义新农村建设进程加快，城乡协调发展的格局正在形成，中西部地区的经济发展快于东部地区，区域经济社会发展差距持续缩小，区域协调发展机制开始形成。

对外贸易方面，中国已成为全球最大商品出口国，对外开放水平不断提高，国际竞争力明显增强，中国对世界经济增长的贡献率超过 1/3。

社会建设方面，脱贫攻坚战取得决定性进展，5 年来中国贫困人口减少 6800 多万，贫困发生率从 10.2% 下降到 4% 以下。实施积极就业政策，5 年新增就业 6600 万人以上。社会养老保险覆盖 9 亿多人，建立了世界上最大的社会保障网。城乡住房建设加快，上亿人喜迁新居，居民收入年均增长 7.4%，形成了世界上人口最多的中等收入群体。

生态文明建设方面，到 2016 年末，全国重点生态功能区的县市区数量达到 676 个，占国土面积的比例达到 53%，主体功能区布局基本形成。资源循环利用体系初步建立。单位国内生产总值能源消耗和二氧化碳排放持续下降，主要污染物排放总量显著减少。5 年来，森林面积增加 1.63 亿亩，沙化土地面积年均减少 2000 平方公里，绿色发展呈现可喜局面。

五、以习近平同志为核心的党中央对新时代中国经济发展作出新的战略安排

在全面建设小康社会取得历史性成就基础上，在 2017 年 10 月召开的党的第十九次全国代表大会上，习近平同志站在历史新起点上，继往开来，代表全党制定和宣布了到 2035 年基本实现现代化和到 2050 年建成社会主义现代化强国的新的战略安排。

习近平同志在题为《决胜全面建成小康社会，夺取新时代中国特色社会主义伟大胜利》的报告中指出，"从十九大到二十大，是'两个一百年'奋斗目标的历史交汇期。我们既要全面建成小康社会、实现第一个百年奋斗目标，又要乘势而上开启全面建设社会主义现代化国家新征程，向第二个百年奋斗目标进军"。这一论断是对以邓小平同志为核心的中国共产党第二代领导集体提出的"三步走"发展战略的继承和发展，第一次对第三步战略目标作出了极为重要的"两阶段"战略安排，是中国共产党人关于中华人民共和国经济发展战略的最新理论成果，是

鼓舞全党、全国人民实现中华民族伟大复兴中国梦的行动指南。

新战略安排的第一阶段,是从 2020—2035 年,在全面建成小康社会的基础上,再奋斗 15 年,基本实现社会主义现代化。这一发展目标比邓小平"三步走"发展战略提出的"基本实现社会主义现代化"时间提前了 15 年。"基本实现社会主义现代化"的目标内涵,一是中国经济实力、科技实力大幅跃升,跻身创新型国家前列。二是基本实现国家治理体系和治理能力现代化,基本建成人民平等参与、平等发展权利得到充分保障,法治国家、法治政府、法治社会基本建成,各方面制度更加完善。三是社会文明程度达到新的高度,国家文化软实力显著增强,中华文化影响更加广泛深入。四是全体人民共同富裕迈出坚实步伐,人民生活更为宽裕,中等收入群体比例明显提高,城乡区域发展差距和居民生活水平差距显著缩小,基本公共服务均等化基本实现。五是现代社会治理格局基本形成,社会充满活力又和谐有序。六是生态环境根本好转,基本实现美丽中国目标。

新战略安排的第二阶段,是从 2035 年到 21 世纪中叶,在基本实现现代化的基础上,再奋斗 15 年,把中国建成富强民主文明和谐美丽的社会主义现代化强国。到那时,中国物质文明、政治文明、精神文明、社会文明、生态文明全面提升,实现国家治理体系和治理能力现代化,成为综合国力和国际影响力领先的国家,基本实现全体人民共同富裕,让中国人民享有更加幸福安康的生活,使中华民族以更加昂扬的姿态屹立于世界民族之林。

为贯彻落实新的战略安排，最终实现中华民族伟大复兴，党的十九大在坚持"以人民为中心"的原则下，围绕物质文明、政治文明、精神文明、社会文明和生态文明等五大建设，作出了六大战略部署：一是在物质文明建设方面，要贯彻新发展理念，通过实施深化供给侧结构性改革、加快建设创新型国家、实施乡村振兴战略、实施区域协调发展战略、加快完善社会主义市场经济体制、推动形成全面开放新格局等经济发展战略，建设现代化经济体系，促进经济社会从高速发展转向高质量发展。二是在政治文明建设方面，要健全人民当家作主制度体系、发展社会主义民主政治，通过坚持党的领导、人民当家作主、依法治国有机统一，加强人民当家作主制度保障，发挥社会主义协商民主重要作用，深化依法治国实践，深化机构和行政体制改革等战略举措，积极稳妥推进政治体制改革，推进社会主义民主政治制度化、规范化、法治化、程序化，保证人民依法通过各种途径和形式管理国家事务，管理经济文化事业，管理社会事务，巩固和发展生动活泼、安定团结的政治局面。三是在精神文明建设方面，要坚定文化自信、推动社会主义文化繁荣兴盛，通过掌握意识形态工作领导权、培育和践行社会主义核心价值观、加强思想道德建设、繁荣发展社会主义文艺、推动文化事业和文化产业发展等战略举措，在实践创造中进行文化创造，在历史进步中实现文化进步。四是在社会文明建设方面，要提高保障和改善民生水平、加强和创新社会治理，通过优先发展教育事业、提高就业质量和人民收入水平、加强社会保障体系建设、打赢脱贫攻坚战、实施健康中国战略、打造共建共治共享的社会治理格局等，让改革发展成果更多更公平惠及全体人民，朝着实现全体人民共同富裕不断迈进。五是在生态文明建设方面，要加快生态文明体制改革、建设美丽中国，通过推进绿色发展、着力解决突出环境问题、加大生态系统保护力度、改革生态环境监管体制，推动形成人与自然和谐发展现代化建设新格局。六是坚持和平发展道路、推动构建人类命运共同体，中国将高举和平、发展、合作、共赢的旗帜，恪守维护世界和平、促进共同发展的外交政策宗旨，坚定不移在和平共处五项原则基础上发展同各国的友好合作，推动建设相互尊重、公平正义、合作共赢的新型国际关系。各国人民同心协力，构建人类命运共同体，建设持久和平、普遍安全、共同繁荣、开放包容、清洁美丽的世界。

中国是一个具有 5000 多年文明历史的国家，中国人民是勇敢勤劳的人民，中国共产党是中华民族优秀儿女组成的领导核心。我们相信，在以习近平同志为核心的党中央领导下，亿万中华儿女，高举中国特色社会主义伟大旗帜，前赴后继，奋力进取，"两个一百年"的伟大奋斗目标一定会如期实现，富强民主文明和谐美丽的社会主义现代化强国一定会如期建成，为人类社会全面进步所作出的贡献一定会越来越大。

（本文发表于《管理世界》2018 年第 10 期）

全面建成小康社会是党领导
中华民族实现的伟大历史飞跃

　　小康社会是中华民族千百年来孜孜以求的美好梦想，这一梦想在旧的社会制度下只能是遥不可及的"幻想"。新中国成立之后，在中国共产党的领导下，经过 70 多年特别是改革开放以来几代中国人民的共同努力和接续奋斗，我们迎来全面建成小康社会这一中华民族宏伟夙愿圆满实现。在党的领导下，我们亦迎来从站起来、富起来到强起来的伟大飞跃。

　　全面建成小康社会标志着国家现代化迈上一个新的大台阶，为建设社会主义现代化强国打下了雄厚基础。改革开放之初，中央提出了"三步走"的现代化战略安排。进入 21 世纪，党的十六大提出了全面建设惠及十几亿人口的更高水平的小康社会，党的十八大从经济、政治、文化、社会和生态文明建设等方面明确了全面建成小康社会的基本要求。党的十九大提出了到 21 世纪中叶建设社会主义现代化强国"两步走"的战略安排，全面建成小康社会是建成社会主义现代化强国的必经关口。经过新中国成立 70 多年来特别是改革开放 40 多年来全中国人民持续不懈的奋斗，中国实现了从积贫积弱到欣欣向荣、从封闭落后到开放进步的转变。2020 年中国国内生产总值突破 100 万亿元，人均国民收入逼近高收入国家门槛，经济实力、科技实力、综合国力跃上新的大台阶。全面建成小康社会，为建设社会主义现代化强国奠定了坚实的基础。

全面建成小康社会，为中国在全球竞争中特别是中美全方位战略博弈中赢得主动提供了更有力的支撑。当今世界正经历百年未有之大变局，新科技革命和产业变革加速，国际经贸规则和产业分工体系重塑，大国力量格局重构，单边主义、保护主义、霸权主义、民粹主义等对世界和平与发展构成威胁，中美之间的市场竞争、实力较量、道路模式比拼日益激烈，国际环境中的不稳定性不确定性前所未有。全面建成小康社会使我们形成完备的国民经济体系、强大的工业基础、现代化的基础设施网络、超大规模的国内市场、广泛覆盖的社会保障体系、相对平衡的城乡区域发展格局、全方位多层次的对外开放体系、较为完善的市场经济制度和较高的科技水平及创新能力，使我们有条件、有能力在应对各种外部挑战中牢牢掌握主动，真正立于不败之地。

全面建成小康社会是中华民族伟大复兴史上的重要里程碑，使中华民族以崭新面貌屹立于世界民族之林。全面建成小康社会，标志着绝对贫困这个困扰中国几千年的历史性难题得到解决。摆脱贫困、过上小康生活、实现天下大同是几千年来中国人民恒久不变的夙愿。近代以来，在旧的社会制度下，中华民族饱受西方列强的凌辱，中国人民生活在水深火热之中。直到以"为中国人民谋幸福，为中华民族谋复兴"为宗旨的中国共产党成立后，中华民族才逐步走上了一条幸福之路。新中国成立以来，经过几代人一以贯之、接续奋斗，特别是党的十八大以来实施脱贫攻坚战，中国在 2020 年实现了现行标准下农村贫困人口全部脱贫，贫困县全部摘帽，中华民族历史上第一次消除了绝对贫困和区域性整体贫困。全面建成小康社会，把中国人民几千年来的理想变成了现实，筑起了中华民族伟大复兴史上的巍峨丰碑。

全面建成小康社会，使中华民族的自信心和凝聚力空前增强。中华民族是勤劳智慧的伟大民族，中华文明是辉煌灿烂的伟大文明。近代以来，由于封建制度的腐朽没落，中国被世界现代化的浪潮甩在了后面，洋务运动、戊戌变法、辛亥革命等诸多艰难探索相继失败。在民族危难中成立的中国共产党将马克思主义普遍真理与中国实践结合，在奋斗中找到了具有中国特色的现代化道路。这条道路既体现了现代化的普遍规律，又克服了西方资本主义现代化道路的弊端。作为国家现代化的重要阶段，全面建成小康社会不仅表明中国在物质文明建设上取得了巨大成就，而且表明中国在民主法治、公平正义和社会和谐等方面也取得了显著进步，极大地增强了民族自信心、自豪感和国家凝聚力。

全面建成小康社会进一步巩固了党和人民的血肉联系，充分展现了中国共产党的强大领导力。在全面建成小康社会的征程中，党始终把人民的利益放在首位，以保障和改善民生为根本出发点和落脚点，统筹经济社会各领域发展，显著地提高了城乡居民的生活水平和质量。2019 年，我国人均预期寿命达到 77.3 岁，明显高于世界平均水平和中等偏上收入国家平均水平，较 1978 年提高 11.4 岁。2018 年，我国预期受教育年限达到 13.9 年，高于世界平均水平，义务教育普及程度达到世界高收入国家的平均水平，高中阶段入学率超过中等偏上收入国家平均水平，建成世界最大规模高等教育体系。2019 年，我国人类发展指数上升至 0.761，成为 1990 年联合国引入该指数以来，世界上唯一一个从"低人类发展水平"跃升到"高人类发展水平"的国家。全面建成小康社会，是党"立党为公，执政为民"的执政理念和以人民为中心的发展思想结出的硕果，使人民更加信赖、拥戴共产党，更加相信共产党是领导人民实现民族复兴的唯一政治力量。

全面建成小康社会，充分展现了中国共产党卓越的执政能力。在全面建成小康社会的征程中，党中央以高超的战略研判能力对发展环境和发展大势作出了准确判断，以卓越的战略规划能力确立了积极、明确、可行的发展目标，以深远的战略布局能力作出了"五位一体"总体布局和"四个全面"战略布局，以直面挑战的决心和强大的执行能力打赢防范化解重大风险、精准脱贫、污染防治三大攻坚战，以非凡的组织能力调度资源和各方面力量应对国际金融危机、新冠肺炎疫情等带来的挑战。全面建成小康社会，有力地证明了党的领导是我国现代化建设不断取得新胜利的根本保证。

全面建成小康社会是中国特色社会主义的伟大胜利，进一步展现了科学社会主义的旺盛生命力。人类社会进入工业文明后，生产力实现了极大发展，但生产力与生产关系、经济基础与上层建筑的矛盾也日益突出，引发层出不穷的经济危机、政治动荡乃至军事冲突。俄国十月革命使社会主义从理想变为现实，开辟了人类社会发展的崭新道路。第二次世界大战结束后各社会主义国家积极开展经济和社会建设，取得了很大成就。但由于种种原因，20世纪90年代初东欧剧变和苏联解体，世界社会主义运动遭受重大挫折，进入低潮期。

面对国内外不断发展变化的形势，中国共产党在总结社会主义建设正反两方面经验的基础上，把社会主义一般原则同具体国情相结合，开辟出中国特色社会主义道路，不断丰富中国特色社会主义理论体系，不断完善中国特色社会主义制度，不断推动生产力发展和社会进步。党的十八大以来，以习近平同志为核心的党中央全面审视国际国内新的形势，总结实践、展望未来，以科学社会主义理论为基础，深刻回答了新时代坚持和发展什么样的中国特色社会主义、怎样坚持和发展中国特色社会主义这个重大时代课题，形成了习近平新时代中国特色社会主义思想，带领全党和全国各族人民不懈努力，如期实现全面建成小康社会目标。在一个人口众多、经济文化相对落后的农业大国全面建成小康社会，在人类发展史上没有先例，在社会主义运动史上也没有先例。全面建成小康社会是中国特色社会主义的伟大胜利，展现了科学社会主义的旺盛生命力。在西方资本主义世界陷入重重困境的当今，全面建成小康社会必将极大提振各国人民对社会主义的信心，使世界社会主义事业迎来更加光明的前景。

全面建成小康社会是党领导中华民族推进中国社会主义现代化建设的伟大实践。在这一波澜壮阔的生动实践中，党也形成和积累了建设社会主义现代化国家的宝贵经验，探索和深化了对中国共产党执政规律的科学认识，丰富和续写了马克思主义中国化的崭新篇章。

一是牢牢坚持党的全面领导，不断提高党的执政能力和领导水平，确保现代化建设沿着正确方向推进。现代化是物质文明和精神文明不断进步的过程，同时也是一个充满各类矛盾的过程，既会不断创造着社会稳定的基础，也会伴随着矛盾和冲突。美国著名学者亨廷顿曾指出，"现代性孕育着稳定，而现代化过程却滋生着动乱"。作为人口众多、民族多元的发展中大国，中国现代化面临的挑战更大，更需要更好地统筹短期和长期、沿海和内陆、城市和乡村、开放和安全，这就特别需要强有力的领导力量，特别需要总揽全局、协调各方的政治核心。中国共产党正是这样的领导力量，党中央就是这样的政治核心。习近平总书记指出，"中国共产党是中国特色社会主义事业的领导核心，处在总揽全局、协调各方的地位"。"党的领导是做好党和国家各项工作的根本保证，是我国政治稳定、经济发展、民族团结、社会稳定的根本点"。正是因为有党的全面领导，才保证了小康社会建设始终沿着既定的方向、朝着既定的目标推进，才成功应对了小康社会建设过程中出现的一系列重大风险挑战，才使得中国社会主义现代化能够行稳致远。

二是牢牢坚持以人民为中心的发展思想，始终做到发展为了人民、发展依靠人民、发展成果由人民共享。人民是一切社会财富的创造者，是推动发展的根本力量，也应当是经济社会发展成果的享有者。很多发展中国家甚至发达国家，由于其大量民众被排斥在发展进程之外，既无法参与发展，也无法享受发展带来的福利，发展常常遭遇挫折，时常陷入这样或那样的发展困境。历史一再表明，一个国家的发展要取得成功，必须让人民都充分参与发展、共同分享发展成果。在中国全面建成小康社会的进程中，党中央始终把人民放在心中最高位置，始终坚持以人民为中心的发展思想，把不断满足人们日益增长的物质文化需要和对美好生活的需要，作为推动发展、制定规划、设计政策的出发点和落脚点，坚持走共同富裕道路，让人民充分参与发展进程、公平分享发展红利。这为全面建成小康社会提供了强大的动力，也是创造世所罕见的经济快速发展奇迹和社会长期稳定奇迹的重要法宝。

三是牢牢坚持党的基本路线，深化改革、扩大开放，为现代化新征程提供不竭动力。党的十一届三中全会拉开了中国改革开放的大幕，党的十三大确立了"坚持以经济建设为中心，坚持四项基本原则，坚持改革开放"的社会主义初级阶段基本路线。40多年来，无论国际风云变幻，无论遇到什么样的发展中的苦难和挑战，我们都始终以经济建设为中心，始终把发展作为解决一切问题的基础和关键；始终坚持四项基本原则，确保现代化建设始终沿着社会主义方向推进；始终坚持深化改革、扩大开放，为国家发展进步不断注入生机与活力。党的十八大以来，以习近平同志为核心的党中央把党的基本路线视为国家的生命线、人民的幸福线，坚持把以经济建设为中心作为兴国之要、把四项基本原则作为立国之本、把改革开放作为强国之路，极大地激发了十几亿中国人民的创造活力，在经济、政治、文化、社会和生态文明等五大领域都创造了世人瞩目的历史性成就。

四是牢牢坚持在实践基础上推动理论创新，以科学的理论引领现代化实践。习近平总书记明确指出，"坚持和发展中国特色社会主义，需要不断在实践和理论上进行探索、用发展着的理论指导发展着的实践"。在长期的革命、建设和改革实践中，我们党不断创新和发展马克思主义，先后形成了毛泽东思想、邓小平理论、"三个代表"重要思想和科学发展观。党的十八大以来，以习近平同志为核心的党中央，从理论和实践结合上系统回答了新时代坚持和发展什么样的中国特色社会主义、怎样坚持和发展中国特色社会主义这个重大时代课题，创立了习近平新时代中国特色社会主义思想。习近平新时代中国特色社会主义思想是对全面建成小康社会这一伟大社会实践的理论总结，是新时代国家现代化建设的总指引，是 21 世纪马克思主义最新篇章。正是党的理论的不断创新，指引全党全国各族人民艰苦奋斗、创新进取，夺取了社会主义现代化建设进程中一个又一个伟大胜利。

五是牢牢坚持统筹国内国际两个大局，创造良好的发展外部环境，坚定维护国家主权、安全、发展利益。中国共产党是在 20 世纪初中华民族面临内忧外患的危难之际诞生的，党领导我们迈向改革开放之路、推进国家现代化建设也时刻面临着国内外重大风险和挑战。改革开放以来，我们坚持统筹国内国际两个大局。一方面，牢牢抓住战略机遇期，坚持以发展为第一要务，全面深化改革，推动经济社会持续健康发展，全面增强我国的经济实力、科技实力、国防实力、综合国力，为有效维护国家主权、安全和发展利益提供坚实基础。另一方面，不断加深与世界各国的经济、社会和文化联系，为世界各国发展提供更多新的公共产品的同时，也为中国的发展创造更加和平稳定的外部环境和比较有利的全球经济秩序。特别是党的十八大以来，世界百年未有之大变局加速演进，国际局势激烈动荡，以习近平同志为核心的党中央运筹帷幄，统筹国内国际两个大局，内促发展、推变革、保稳定、全面建成小康社会，外谋和平、倡合作、求共赢、共建人类命运共同体，我们比历史上任何时候都更接近、更有信心和能力实现中华民族伟大复兴的百年夙愿。

（本文发表于《经济研究》2021 年第 6 期）

经济更加发展的成色十足

——习近平新时代中国特色社会主义
经济思想的生动实践

经济更加发展，是全面建成小康社会的一项重要目标任务。党的十八大以来，在习近平新时代中国特色社会主义经济思想的科学指引下，我国经济迈向高质量发展，创新驱动发展成效显著，发展协调性明显增强，人民生活质量和水平普遍提高，生态环境质量总体改善，发展的平衡性、协调性、可持续性显著增强，经济更加发展的成色十足。

经济更加发展，是全面建成小康社会的一项重要目标任务。党的十八大以来，以习近平同志为核心的党中央坚持观大势、谋全局、干实事，成功驾驭我国经济发展大局，在实践中形成了以新发展理念为主要内容的习近平新时代中国特色社会主义经济思想，为新时代中国特色社会主义经济建设提供了根本遵循。在这一科学思想指引下，我国经济建设取得巨大成就，高质量发展迈出坚定步伐，发展的平衡性、协调性、可持续性显著增强，经济更加发展的成色十足。

一、经济迈向高质量发展

习近平总书记指出："我国经济已由高速增长阶段转向高质量发展阶段，正处在转变发展方式、优化经济结构、转换增长动力的攻关期"，"推动高质量发展是当前和今后一个时期确定发展思路、制定经济政策、实施宏观调控的根本要求"。党的十八大以来，以习近平同志为核心的党中央坚持新发展理念，坚持以供给侧结构性改革为主线，不失时机推进重要领域和关键环节改革，推动经济发展质量变革、效率变革、动力变革，推动我国经济在实现高质量发展上不断取得新进展，为全面建成小康社会奠定了坚实物质基础。

经济发展迈上新台阶。2012—2019 年，我国年均经济增速达到 7.0%，在世界主要经济体中保持领先，持续成为拉动世界经济增长的主要动力源。2019 年，我国国内生产总值接近 100 万亿元，人均国内生产总值超过 1 万美元，经济发展迈上新台阶。突如其来的新冠肺炎疫情对我国经济社会发展带来较大冲击。在抗击疫情的严峻斗争中，我国经济经受住了"压力测试"，展现出巨大韧性。疫情冲击没有动摇我国长期稳定发展的坚实基础，我国经济潜力足、韧性强、回旋空间大、政策工具多的基本特点没有变。

产业结构持续优化。2019 年，我国第三产业增加值占国内生产总值的比重达到 53.9%，比 2012 年提高 8.4 个百分点；高技术制造业增加值占规模以上工业增加值的比重为 14.4%，比 2014 年提高 3.8 个百分点；装备制造业增加值占规模以上工业增加值的比重为 32.5%，比 2014 年提高 2.1 个百分点。产业结构优化调整使发展新动能不断壮大，中国制造加快向中高端迈进。

供给体系质量逐步提高。化解过剩产能工作取得实效：截至 2017 年末，全国共退出钢铁产能 1.7 亿吨以上、煤炭产能 8 亿吨；2019 年四季度全国工业产能利用率为 77.5%，比 2013 年一季度提高 2.2 个百分点，比 2016 年的最低点提高 4.6 个百分点。企业部门去杠杆取得明显进展，规模以上工业企业资产负债率从 2012 年底的 57.8%下降到 2019 年底的 56.6%，下降 1.2 个百分点。随着供给侧结构性改革不断深化，我国供给体系质量逐步提高。

二、创新驱动发展成效显著

习近平总书记指出："创新是引领发展的第一动力，是国家综合国力和核心竞争力的最关键因素"，"自主创新是推动高质量发展、动能转换的迫切要求和重要支撑"。党的十八大以来，以习近平同志为核心的党中央坚持通过全面深化改革释放和激发全社会的创业创新热情，加大创新资源投入，我国自主创新能力显著增强，创新型国家和人才强国建设取得重大进展。

自主创新能力显著增强。2012—2019 年，全社会研发经费投入从 10298.4 亿元增长到 21737 亿元，7 年间翻了一番，占国内生产总值的比重达到 2.19%，超过欧盟 15 国平均水平；研发人员总量、发明专利申请量等指标连续多年位居世界首位。科创基地和平台建设如火如荼，科研基础条件大为改善。

创新成果不断涌现。在创新驱动发展战略推动下，我国在量子科学、铁基超导、暗物质粒子探测卫星、化学诱导的多潜能干细胞（CIPS 干细胞）等基础研究领域取得重大突破；高技术领域捷报频传，神舟飞船与天宫空间实验室在太空交会翱翔，北斗导航卫星实现全球组网，蛟龙号载人潜水器、海斗号无人潜水器创造最大深潜纪录；国产大飞机、高速铁路、三代核电、新能源汽车等领域取得一批在世界上叫得响、数得着的重大成果。

创新对经济发展的引领力不断提高。科技与经济深度融合，智能制造、无人配送、在线消费、医疗健康等新产业新业态新商业模式快速发展，对经济发展的支撑作用不断增强，一些领域处于世界领先水平。2019 年，我国全员劳动生产率达到 115009 元/人，比上年提高 6.2%，创新对经济发展的引领力不断提高。

三、发展协调性明显增强

习近平总书记指出："协调既是发展手段又是发展目标，同时还是评价发展的标准和尺度。"协调发展注重的是解决发展不平衡问题,通过补齐短板挖掘发展潜力、增强发展后劲。党的十八大以来,以习近平同志为核心的党中央既着力破解发展中的难题、补齐发展短板,又巩固和厚植我国发展优势,推动我国发展的协调性显著增强,提升了全面建成小康社会的成色。

推动区域协调发展。提出并实施京津冀协同发展、长江经济带发展、长江三角洲区域一体化发展、粤港澳大湾区建设、黄河流域生态保护和高质量发展等国家重大区域战略,继续推动西部大开发、东北全面振兴、中部地区崛起、东部率先发展,加大力度支持革命老区、民族地区、边疆地区、贫困地区加快发展,地区发展差距不断缩小。2019 年,我国东部地区人均国内生产总值是西部的 1.76 倍,比 2012 年下降 0.08 倍。

推动城乡协调发展。把实施乡村振兴战略作为新时代"三农"工作总抓手,坚持工业反哺农业、城市支持农村和多予少取放活的方针,有效促进城乡资源均衡配置,加快农业农村现代化步伐。2013—2019 年,居民人均可支配收入从 18311 元增长到 30733 元。收入分配差距问题有所缓解:2019 年城镇居民人均可支配收入是农村居民的 2.64 倍,比 2013 年的 2.81 倍明显下降。

四、人民生活质量和水平普遍提高

习近平总书记指出:"不断提高人民生活质量和水平,是我们一切工作的出发点和落脚点,也是全面建成小康社会的根本目的。"党的十八大以来，以习近平同志为核心的党中央坚持以人民为中心的发展思想，不断解决好人民最关心最直接最现实的利益问题，人民生活质量和水平普遍提高。

民生保障工作扎实推进。2013—2019 年，我国每年城镇新增就业人数都在 1300 万人以上，实现了比较充分的就业。截至2019 年底，全国参加城镇职工基本养老保险的有 43488 万人，参加城乡居民基本养老保险的有 53266 万人；参加基本医疗保险的有 135436 万人。我国已建立覆盖城乡居民的多层次社会保障体系。2020 年以来，面对新冠肺炎疫情严重冲击，以习近平同志为核心的党中央坚持把人民生命安全和身体健康放在第一位，统筹疫情防控和经济社会发展，扎实做好"六稳"工作，全面落实"六保"任务，牢牢兜住民生底线。

脱贫攻坚成效显著。习近平总书记强调，小康不小康，关键看老乡。全面建成小康社会，最艰巨的任务是打赢脱贫攻坚战。2012—2019 年，我国年末贫困人口从 9899 万人减少到 551 万人，连续 7 年每年减贫 1000 万人以上，9000 多万人已经稳定脱贫，贫困发生率从 10.2% 降到 0.6%，脱贫攻坚取得决定性成就。今年，我们克服新冠肺炎疫情影响，以更大决心、更强力度推进脱贫攻坚，即将夺取脱贫攻坚战全面胜利。

公共服务水平明显提升。党的十八大以来，党中央持续加大对教育、卫生等公共事业的投入，国民思想道德素质、科学文化素质、健康素质明显提高。2018 年，我国劳动年龄人口平均受教育年限达到 10.6 年，人均预期寿命达到 77 岁，为创建知识型、技能型、创新型劳动者大军提供了坚实基础。此外，我国还积极推进"厕所革命"、垃圾分类等工作，城乡居民的人居生活环境明显改善，生活品质明显提升。

五、生态环境质量总体改善

习近平总书记指出："绿水青山就是金山银山"，"要正确处理好经济发展同生态环境保护的关系，牢固树立保护生态环境就是保护生产力、改善生态环境就是发展生产力的理念，更加自觉地推动绿色发展、循环发展、低碳发展，决不以牺牲环境为代价去换取一时的经济增长"。党的十八大以来，我们坚持加强生态文明制度建设，坚决打赢污染防治攻坚战，着力解决突出环境问题，推动我国生态环境质量总体上得到改善，经济发展可持续性显著增强。

坚决打赢污染防治攻坚战。以解决人民群众反映强烈的突出生态环境问题为重点，围绕污染物总量减排、生态环境质量提高、生态环境风险管控三类目标，全面推进蓝天保卫战，着力打好碧水保卫战，扎实推进净土保卫战。大力开展生态保护和修复，强化生态环境督察执法，保证党中央关于生态文明建设决策部署落地生根见效。经过艰苦努力，我国生态环境保护发生了历史性、转折性、全局性变化。截至 2019 年底，"十三五"规划明确的生态环境保护领域 9 项约束性指标，7 项已提前完成目标任务。

更加自觉地推动绿色循环低碳发展。牢固树立绿水青山就是金山银山的理念，统筹山水林田湖草系统治理，优化国土空间开发格局，调整区域产业布局，发展清洁生产，推进绿色发展。建立并完善绿色生产和消费的法律制度和政策导向，建立健全绿色低碳循环发展的经济体系，构建市场导向的绿色技术创新体系，发展绿色金融，壮大节能环保产业、清洁生产产业、清洁能源产业。统筹国内国际两个大局，以全球视野加快推进生态文明建设，努力把绿色发展转化为新的综合国力、综合影响力和国际竞争新优势。

（本文发表于《人民日报》2020年7月2日）

为全面建设社会主义现代化
国家开好局起好步

　　"十四五"时期是我国全面建成小康社会、实现第一个百年奋斗目标之后,乘势而上开启全面建设社会主义现代化国家新征程、向第二个百年奋斗目标进军的第一个五年。在"两个一百年"奋斗目标的历史交汇点上,党的十九届五中全会审议通过了《中共中央关于制定国民经济和社会发展第十四个五年规划和二〇三五年远景目标的建议》,为未来5年乃至15年中国发展擘画新蓝图,是夺取全面建设社会主义现代化国家新胜利的纲领性文件。我们要认真学习贯彻党的十九届五中全会精神,坚持以习近平新时代中国特色社会主义思想为指导,增强"四个意识"、坚定"四个自信"、做到"两个维护",同心同德,顽强奋斗,努力为全面建设社会主义现代化国家开好局、起好步。

一、全面建成小康社会取得决定性成就为开启新征程奠定坚实基础

全面建成小康社会是 14 亿中国人民的共同期盼。党的十八大以来，以习近平同志为核心的党中央顺应我国经济社会新发展和广大人民群众新期待，提出全面建成小康社会新的目标要求，赋予"小康"更高的标准、更丰富的内涵、更全面的要求。全面建成小康社会是"两个一百年"奋斗目标的第一个百年奋斗目标，是我们党向人民、向历史作出的庄严承诺，也是乘势而上开启全面建设社会主义现代化国家新征程的坚实基础。

经济迈向高质量发展。坚定不移贯彻新发展理念，以供给侧结构性改革为主线，坚决端正发展观念、转变发展方式，大力推动经济发展质量变革、效率变革、动力变革，经济高质量发展取得显著成效。2012—2019 年，我国经济增长平均速度达到 7.0%，在世界主要经济体中保持领先，持续成为世界经济增长的动力源。2019 年，我国国内生产总值（GDP）接近 100 万亿元，人均 GDP 按年平均汇率折算达到 10276 美元，预计 2020 年 GDP 突破 100 万亿元，标志着我国经济发展迈上了新的大台阶。

创新驱动成效显著。坚持把创新作为引领发展的第一动力，大力实施创新驱动发展战略，加强国家创新体系建设，持续加大创新资源投入，自主创新能力显著增强，创新型国家和人才强国建设取得丰硕成果。2012—2019 年，我国全社会研发经费投入

从 10298 亿元增长到 21737 亿元，自 2013 年起就成为世界第二大研发经费投入国。目前研发经费支出占 GDP 比重达到 2.19%，超过欧盟 15 国平均水平。我国研发人员总量、发明专利申请量等指标已连续多年位居世界首位，一批重大科技创新成果快速涌现，科技创新对经济社会发展的驱动力不断增强。

发展协调性明显增强。大力推动城乡区域协调发展，京津冀协同发展、长江经济带发展、粤港澳大湾区建设、长江三角洲区域一体化发展、黄河流域生态保护和高质量发展等国家重大区域战略相继实施，持续支持革命老区、民族地区、边疆地区、贫困地区加快发展，地区发展差距不断缩小。大力实施乡村振兴战略，促进城乡资源均衡配置，加快推进农业农村现代化步伐。城乡居民人均可支配收入之比从 2012 年的 2.88∶1 下降到 2019 年的 2.64∶1。

人民生活水平不断提高。坚持以人民为中心的发展思想，人民对美好生活的向往不断得以实现。2013—2019 年，每年城镇新增就业人数都在 1300 万人以上，在一个有 14 亿人口的大国实现了比较充分的就业。2012—2019 年，居民人均可支配收入从 16510 元增长到 30733 元，已建成世界上规模最大的社会保障体系。贫困人口从 9899 万人减少到 551 万人，连续 7 年年均减贫 1000 万人以上，贫困发生率从 10.2% 降到 0.6%。中华民族即将从整体上消除绝对贫困，这是人类减贫史乃至发展史上前无古人的壮举。

国民素质和社会文明程度显著提高。持续加强社会主义精神文明建设，大力弘扬社会主义核心价值观和中华优秀传统文化，中国特色社会主义和中国梦深入人心，社会主义核心价值观成为全体人民的共同价值追求，主旋律更加响亮，正能量更加强劲，文化自信得到彰显。国民思想道德素质、科学文化素质、健康素质明显提高，公共文化服务体系基本建成，全社会法治意识不断增强。

生态环境质量总体改善。以改善生态环境质量为核心，以解决人民群众反映强烈的突出生态环境问题为重点，坚决打好蓝天、碧水、净土保卫战。空气质量明显改善，2019 年，在监测的 337 个地级及以上城市中，空气质量达标的城市占 46.6%，比 2015 年提高 25 个百分点。水环境质量明显好转，全国地表水Ⅰ—Ⅲ类水体比例超过 70%，劣Ⅴ类水体比例控制在 5%以内。能源资源消费更加集约，2019 年，每万元 GDP 能耗为 0.49 吨标准煤，比 2012 年下降 24.5%；每万元 GDP 水耗为 67 立方米，比 2012 年下降 38.8%。

各方面制度更加成熟更加定型。党的十八届三中全会开启了全面深化改革、系统整体设计推进改革的新时代。我们坚持和完善党的领导制度体系、人民当家作主制度体系、中国特色社会主义法治体系、中国特色社会主义行政体制、社会主义基本经济制度、繁荣发展社会主义先进文化的制度、统筹城乡的民生保障制度、共建共治共享的社会治理制度、生态文明制度体系等，主要领域的基础性制度体系基本形成，重要领域和关键环节改革成效显著，运用制度和法律治理国家的能力显著增强，为全面建成小康社会提供了强大制度保障。

二、全面建设社会主义现代化国家实现良好开局具有多方面优势和条件

党的十九届五中全会指出，当前和今后一个时期，我国发展仍然处于重要战略机遇期，但机遇和挑战都有新的发展变化。尽管国际环境日趋复杂，不稳定性不确定性明显增加，国内发展不平衡不充分问题仍较突出，但我国制度优势显著、治理效能提升、经济长期向好、物质基础雄厚、人力资源丰富、市场空间广阔、发展韧性强劲、社会大局稳定，完全有条件、有能力在"十四五"时期实现更高质量、更有效率、更加公平、更可持续、更为安全的发展，为全面建设社会主义现代化国家开好局、起好步。

中国共产党领导和中国特色社会主义制度的政治优势充分彰显。中国共产党领导是中国特色社会主义最本质的特征，是中国特色社会主义制度的最大优势。在中华民族从站起来、富起来到强起来的伟大飞跃中，中国共产党始终发挥着总揽全局、协调各方的领导核心作用。今年以来，面对纷繁复杂的国内外形势特别是新冠肺炎疫情严重冲击，以习近平同志为核心的党中央不忘初心、牢记使命，团结带领全党全国各族人民砥砺前行、开拓创新，奋发有为推进党和国家各项事业，"十三五"规划目标任务

即将完成，全面建成小康社会胜利在望，中华民族伟大复兴向前迈出了新的一大步。实践再次证明，有习近平同志作为党中央的核心、全党的核心领航掌舵，有全党全国各族人民团结一心、顽强奋斗，我们就一定能够战胜前进道路上出现的各种艰难险阻，一定能够在新时代把中国特色社会主义更加有力地推向前进。

超大规模经济体的优势日益凸显。我国拥有 14 亿人口的超大规模市场和巨大需求潜力，拥有全球最完整的产业体系和上中下游产业链，是世界上唯一拥有联合国产业分类目录中所有工业门类的国家，制造业占全球比重达到 27%，已成为全球第二大消费市场。我国是全球最大贸易国、第二大进口国、第二大外商直接投资来源国和目的地，对世界经济的影响力不断上升。随着居民收入水平提高和中等收入群体扩大，我国市场的潜力和成长性进一步释放，超大规模的优势更加突出。这有利于更充分地发挥规模经济、范围经济、网络经济效应，有利于增强我国经济发展韧性、扩大回旋余地，有利于缓解风险挑战冲击。

人口质量红利不断显现，科技创新能力不断增强。我国受过高等教育和职业教育的高技能劳动力已超过 1.7 亿人，每年高等院校毕业生保持在 800 万人左右，一大批具有国际水平的战略科技人才、科技领军人才、青年科技人才和高水平创新团队正在快速形成。根据世界知识产权组织发布的《2020 年全球创新指数报告》，我国创新指数世界排名第十四位，是前 30 名中唯一的中等收入经济体。我国研发人员总量、发明专利申请量等指标位居世界首位，研发经费投入快速增长。人力资本和科技创新能力的进一步提升，有利于抓住新一轮科技革命和产业变革的战略机遇，为推动"十四五"时期高质量发展提供更加强劲、更可持续的动力。

科技革命和产业变革推动新旧动能转换速度加快。以人工智能、大数据、物联网、云计算为核心的新一轮科技革命和产业变革不断深化和拓展，产业持续升级，结构不断优化，生产方式不断变革，新产品、新业态、新商业模式不断涌现，"互联网+""智能+"与已有行业和产业相互融合，传统产业焕发新的生机，新旧动能转换加快，必将推动现代产业体系建设迈出实质性步伐，为全面提升经济效率和国际竞争力，推动高质量发展、构建新发展格局发挥关键作用。

城市群和基础设施的网络效应日益增强。我国以城市群为主体形态的城镇发展格局正在加快形成，城镇空间结构不断优化，京津冀、长三角、珠三角、成渝、长江中游等城市群加快形成生产要素聚合效应，成为推动经济发展的重要引擎。同时，城市间基础设施网络化水平不断提高，广覆盖、多层次、多节点的综合交通和快速通道体系加快形成，城市群的空间联系更加便利密切，生产要素跨区域迅速流动、聚集和扩散的条件日益完备，物流成本和交易成本不断降低。所有这些，将进一步优化生产要素的流动、聚集和扩散方式，提高资源的空间配置效率，不断增强我国参与国际竞争合作的能力和水平。

绿色发展将拓展巨大发展空间。绿色发展是经济高质量发展的重要内容和动力。随着人们对绿色产品和服务的需求不断增长，绿色制造、绿色流通、绿色消费、绿色金融的发展空间将得到扩展，发展潜力将得到释放。未来5年，我国生产方式将继续向节约型、集约型转变。到2025年，能源强度、碳排放强度将进一步下降，资源利用效率将进一步提高。"十四五"时期，绿色发展将释放巨大的需求潜力，创造新的供给体系，为全面建设社会主义现代化国家、实现第二个百年奋斗目标注入源源不断的绿色动力。

（本文发表于《人民日报》2020年11月6日）

开启新征程的宏伟蓝图

十三届全国人大四次会议批准了《中华人民共和国国民经济和社会发展第十四个五年规划和 2035 年远景目标纲要》（以下简称《纲要》）。《纲要》深入贯彻党的十九届五中全会精神，落实"立足新发展阶段、贯彻新发展理念、构建新发展格局"的要求，系统谋划了"十四五"时期和到 2035 年的经济社会发展，描绘了我国开启全面建设社会主义现代化国家新征程的宏伟蓝图。

一、突出新发展阶段的要求

在全面建成小康社会、实现第一个百年奋斗目标之后，我们将乘势而上开启全面建设社会主义现代化国家新征程、向第二个百年奋斗目标进军，这标志着我国进入了新发展阶段。新发展阶段是我们党带领人民迎来从站起来、富起来到强起来历史性跨越的新阶段，是完成建设社会主义现代化国家这个历史宏愿的新阶段。《纲要》立足新发展阶段，深入分析新发展阶段的发展要求，明确指出："我国进入新发展阶段，发展基础更加坚实，发展条件深刻变化，进一步发展面临新的机遇和挑战。"

科学认识已有发展基础。《纲要》指出："'十三五'规划目标任务胜利完成，我国经济实力、科技实力、综合国力和人民生活水平跃上新的大台阶，全面建成小康社会取得伟大历史性成就，中华民族伟大复兴向前迈出了新的一大步"。2020年，我国国内生产总值突破100万亿元。人均国内生产总值连续两年超过1万美元。重大科技成果不断涌现，在探空、探海、量子通信和计算等领域进入全球"第一梯队"。决战脱贫攻坚取得全面胜利。"十三五"时期，5575万农村贫困人口实现脱贫，困扰中华民族几千年的绝对贫困问题得到历史性解决，创造了人类减贫史上的奇迹。国家治理体系和治理能力现代化水平显著提升，成功应对一系列重大风险挑战。进入新发展阶段，我们已经拥有开启全面建设社会主义现代化国家新征程的坚实基础。

深刻阐释发展条件变化。《纲要》指出："当今世界正经历百年未有之大变局"，"我国已转向高质量发展阶段"。当前，国际环境日趋复杂，不稳定性不确定性明显增加，新一轮科技革命和产业变革正在重塑全球经济和产业格局，世界经济陷入低迷，经济全球化遭遇逆流，能源技术革新深刻改变全球能源供需版图，国际经济政治格局复杂多变，世界进入动荡变革期。我国已由高速增长阶段转向高质量发展阶段，制度优势显著，治理效能提升，经济长期向好，物质基础雄厚，人力资源丰富，市场空间广阔，发展韧性强，社会大局稳定，继续发展具有多方面优势和条件。

深入分析新机遇和新挑战。《纲要》指出："当前和今后一个时期，我国发展仍然处于重要战略机遇期，但机遇和挑战都有新的发展变化。"从机遇看，新一轮科技革命和产业变革为我国实现跨越式发展拓展了空间和路径。人类命运共同体理念深入人心，国际力量对比朝着有利于世界和平与发展的方向发展。从挑战看，单边主义、保护主义、霸权主义对世界和平与发展构成威胁，我国发展的外部压力增大。同时，与人民日益增长的美好生活需要相比，我国发展不平衡不充分的问题仍然突出，重点领域关键环节改革任务仍然艰巨，创新能力不适应高质量发展要求，农业基础还不稳固，城乡区域发展和收入分配差距较大，生态环保任重道远，民生保障存在短板，社会治理还有弱项。面对新机遇和新挑战，《纲要》强调"增强机遇意识和风险意识，立足社会主义初级阶段基本国情，保持战略定力，办好自己的事，认识和把握发展规律，发扬斗争精神，增强斗争本领，树立底线思维，准确识变、科学应变、主动求变，善于在危机中育先机、于变局中开新局"；强调"不断实现人民对美好生活的向往"，"实现更高质量、更有效率、更加公平、更可持续、更为安全的发展"，"持续增强发展动力和活力"，"实现发展质量、结构、规模、速度、效益、安全相统一"。

二、突出贯彻新发展理念

党的十八大以来，以习近平同志为核心的党中央从新的国际国内形势出发，创造性提出创新、协调、绿色、开放、共享的新发展理念。新发展理念是改革开放以来我国发展经验的集中体现，反映了我们党对发展规律的新认识，科学回答了在新形势下实现什么样的发展、怎样实现发展这个重大问题。习近平总书记指出，"全党必须完整、准确、全面贯彻新发展理念"，强调要"从根本宗旨把握新发展理念"，"从问题导向把握新发展理念"，"从忧患意识把握新发展理念"。《纲要》深入贯彻习近平总书记重要讲话精神，充分体现了把新发展理念完整、准确、全面贯穿发展全过程和各领域的要求。

坚持以人民为中心，体现新发展理念的"根"和"魂"。习近平总书记指出："为人民谋幸福、为民族谋复兴，这既是我们党领导现代化建设的出发点和落脚点，也是新发展理念的'根'和'魂'。"《纲要》将"坚持以人民为中心"作为"十四五"时期经济社会发展必须遵循的原则之一，提出"加强普惠性、基础性、兜底性民生建设"，着力推进基本公共服务均等化。在指标设定上，《纲要》充分体现增进民生福祉的要求。"十四五"时期经济社会发展20个主要指标中，民生福祉类指标有7个，占比超过1/3。《纲要》还特别注重促进共同富裕，明确提出到2035年"人民生活更加美好，人的全面发展、全体人民共同富裕取得更为明显的实质性进展"，并提出"制定促进共同富裕行动纲要"。

坚持问题导向，充分体现坚持创新、协调、绿色、开放、共享发展的要求。《纲要》围绕解决突出矛盾，作出有针对性的战略和策略性安排，把新发展理念落到实处。创新发展注重的是解决发展动力问题。针对科技对经济社会发展的支撑能力不足、关键领域创新能力不强，《纲要》从强化国家战略科技力量、提升企业技术创新能力、激发人才创新活力、完善科技创新体制机制四个方面作出部署，全面塑造发展新优势。协调发展注重的是解决发展不平衡问题。针对城乡区域发展不平衡，《纲要》对实施乡村建设行动，健全城乡融合发展体制机制，深入实施区域重大战略、区域协调发展战略、主体功能区战略等作出部署，更好促进发达地区和欠发达地区、东中西部和东北地区共同发展。绿色发展注重的是解决人与自然和谐问题。针对我国生态环境保护压力尚未根本缓解、人民群众对优美环境的需求越来越强烈，《纲要》要求提升生态系统质量和稳定性、持续改善环境质量、加快发展方式绿色转型，促进人与自然和谐共生。开放发展注重的是解决发展内外联动问题。针对国际环境深刻变化带来严峻挑战、我国用好国内国际两个市场两种资源的能力还不够强，《纲要》提出建设更高水平开放型经济新体制，推动共建"一带一路"高质量发展，积极参与全球治理体系改革和建设。共享发展注重的是解决社会公平正义问题。针对收入分配差距较大、民

116

生保障存在短板，《纲要》提出健全国家公共服务制度体系，实施就业优先战略，优化收入分配结构，健全多层次社会保障体系，并就拓展居民收入增长渠道、扩大中等收入群体、完善再分配机制等作出具体部署。

从忧患意识把握新发展理念，统筹发展和安全。习近平总书记指出："安全是发展的前提，发展是安全的保障。"《纲要》高度重视安全发展，设立"统筹发展和安全　建设更高水平的平安中国"专篇，强调"坚持总体国家安全观""把安全发展贯穿国家发展各领域和全过程"，并就加强国家安全体系和能力建设、强化国家经济安全保障、全面提高公共安全保障能力、维护社会稳定和安全作出具体部署。

三、突出构建新发展格局

党的十九届五中全会提出，要加快构建以国内大循环为主体、国内国际双循环相互促进的新发展格局。习近平总书记指出："加快形成以国内大循环为主体、国内国际双循环相互促进的新发展格局，是根据我国发展阶段、环境、条件变化作出的战略决策，是事关全局的系统性深层次变革。"构建新发展格局，实现国民经济体系高水平的完整性，需要着力打通堵点，贯通生产、分配、流通、消费各环节，形成需求牵引供给、供给创造需求的更高水平动态平衡。构建新发展格局最本质的特征是实现高水平的自立自强，需要着力提升供给体系的创新力和关联性，解决各类"卡脖子"和瓶颈问题，实现经济循环的畅通无阻。构建新发展格局必须强化国内大循环的主导作用，以国际循环提升国内大循环效率和水平，实现国内国际双循环互促共进。

实现科技自立自强。更好发挥科技创新在构建新发展格局中的有力支撑作用，必须实现科技自立自强。《纲要》把创新摆在国家发展全局的核心位置，突出强调"把科技自立自强作为国家发展的战略支撑"，提出"制定科技强国行动纲要，健全社会主义市场经济条件下新型举国体制，打好关键核心技术攻坚战，提高创新链整体效能"。

形成具有更强创新力、更高附加值、更安全可靠的产业链供应链。只有在关系国计民生和国家经济命脉的重点领域实现产业链供应链自主可控，国内大循环才不会因国外的"技术封锁"和"产品断供"而中断，参与国际循环才有更大的底气和支撑。《纲要》鲜明提出"坚持把发展经济着力点放在实体经济上"，并从加强产业基础能力建设、提升产业链供应链现代化水平、推动制造业优化升级、实施制造业降本减负行动等方面对深入实施制造强国战略作出部署。

坚持深化供给侧结构性改革这条主线，坚持扩大内需这个战略基点。只有把实施扩大内需战略同深化供给侧结构性改革有机结合起来，才能以创新驱动、高质量供给引领和创造新需求。《纲要》强调："深化供给侧结构性改革，提高供给适应引领创造新需求能力。""深入实施扩大内需战略，增强消费对经济发展的基础性作用和投资对优化供给结构的关键性作用，建设消费和投资需求旺盛的强大国内市场。"

坚定不移推进改革。只有破除制约经济循环的制度障碍，才能实现生产要素循环流转和生产、分配、流通、消费各环节有机衔接。《纲要》提出："破除制约高质量发展、高品质生活的体制机制障碍，强化有利于提高资源配置效率、有利于调动全社会积极性的重大改革开放举措，持续增强发展动力和活力。"

坚定不移扩大开放。这是顺应经济全球化历史大势的需要，也是提升国内循环质量和促进国内国际双循环在更高水平上相互促进的客观要求。《纲要》提出："持续深化要素流动型开放，稳步拓展制度型开放，依托国内经济循环体系形成对全球要素资源的强大引力场。""实行高水平对外开放　开拓合作共赢新局面"。

《纲要》描绘的蓝图鼓舞人心、催人奋进，提出的举措系统全面、切实可行。在以习近平同志为核心的党中央坚强领导下，在全党全国各族人民共同努力下，贯彻落实好《纲要》，就一定能为全面建设社会主义现代化国家开好局、起好步，谱写中国特色社会主义事业新篇章。

（本文发表于《人民日报》2021 年 3 月 19 日）

中国经济长期稳定发展的潜力来自何处

在前进的新征程上，我们可能面临一些新的挑战和困难，但我国经济发展的基本面是好的、我国的制度是优越的、我们党的领导是坚强有力的。综合分析要素基础、产业体系、市场规模等支撑条件，统筹考虑全面深化改革开放激发的市场活力、社会创造力，以及日臻成熟的宏观调控能力等，完全可以得出结论：中国发展仍然处于并将长期处于重要战略机遇期，发展的动能和潜力仍然巨大，完全有条件、有能力保持长期稳定增长，并实现高质量发展。

一、发展潜力来自雄厚的物质基础和完备的产业体系

经济发展的基础是劳动力、技术、资本等生产要素及其有效组合，这些要素及其组合的演变形成推动经济发展的内在机制。研判经济增长潜力，需要了解内在机制的运行方式，需要从历史上长期积累的物质基础和产业体系来分析。新中国成立 70 年、

改革开放 40 多年特别是党的十八大以来，我国积累了雄厚的物质基础，建立了完备的产业体系，劳动力、资金、基础设施等生产要素都具有充裕的储备和较高的质量，社会主义市场经济体制又能有效地把这些要素调动和组织起来，从而为经济持续增长打下坚实基础，不断形成和释放出巨大的潜力。

巨大的经济体量。2018 年，我国国内生产总值突破 90 万亿元，按不变价计算，比 1952 年增长 174 倍，年均增长 8.1%，是世界上保持高速增长时间最长的大国。2018 年，我国人均国民总收入达到 9732 美元，高于中等收入国家平均水平。现在，我国是世界第二大经济体、制造业第一大国、货物贸易第一大国、商品消费第二大国、外资流入第二大国。2018 年末，我国外汇储备余额 30727 亿美元，连续 13 年稳居世界第一。2019 年，我国上榜的世界 500 强企业数量已超过美国。随着经济规模越来越大，"体量大稳得住""规模经济效应"等优势也越来越明显，能够有效抵御各种外部冲击，为经济升级创造有利条件。

丰富的人力资源。我国有近 14 亿人口，相当于发达国家人口的总和，有 9 亿多劳动年龄人口，相当于美国、日本、欧盟的总人口。我国人力资源素质也在不断提高，每年有大学毕业生 800 多万人，中等职业教育毕业生 500 多万人，海外留学归国人员 50 多万人。2009 年以来，我国科学家和工程师总人数一直高于美国，研发人员规模稳居全球首位，STEM（科学、技术、工程、数学）人才培养不断加强。丰富的人力资源储备，统一高

121

效的劳动力市场，加上不断完善的创业创新激励政策，推动人力资源积极参与到经济发展过程中，为经济发展提供了强大动力。

充裕的资金供给。当前我国储蓄率虽然比历史峰值有所下降，但依然位于45%以上，远高于美国等发达国家水平。截至2018年末，我国政府负债率为37%，远低于国际社会通用的欧盟60%的警戒线，也低于主要市场经济国家和新兴市场国家的普遍水平。资金供给充裕，债务风险水平低，为我国经济持续健康发展创造了有利条件。

完整的产业体系。我国拥有独立完整的工业体系，是全世界唯一拥有联合国产业分类中全部工业门类的国家。2018年，我国200多种工业品产量居世界第一，制造业增加值自2010年起稳居世界首位。我国经济已经深度融入全球产业分工。完整的产业体系和强大的产业配套能力是全球产业链稳定运行的基石，也是中国经济的一大优势，将始终为我国经济持续增长提供坚强有力的支撑。

强大的网络化基础设施。新中国成立特别是改革开放40多年来，我国基础设施建设取得历史性成就，适度超前、统筹衔接的一体化现代基础设施网络初步建成。截至2018年末，我国铁路、公路里程分别达到13.2万公里和485万公里；其中高速铁路、高速公路里程分别达到2.9万公里、14.3万公里，均位居世界第一。全国港口拥有生产性码头泊位2.4万个，民航机场达到235个，均高居世界前列。纵横成网、互联互通的基础设施，增强了经济发展的韧性和回旋余地。

二、发展潜力来自巨大的市场规模和需求扩张空间

市场规模与结构对一国经济发展的容量与空间有重要影响。在这方面，我国拥有独特的优势条件。一方面，市场规模巨大、内部结构复杂，有利于形成形态更高级、分工更复杂、结构更合理的经济体系。另一方面，我国经济发展尚不平衡，必须加快解决发展不平衡不充分的问题。推动平衡发展，意味着巨大的社会总需求和经济结构优化，这无疑将激发出强劲的发展动能。

扩大消费的巨大空间。近年来，消费对 GDP 增长的贡献率超过 60%，已经成为拉动经济增长的第一动力。我国有超过 4 亿人的、当今世界上最大的中等收入群体，还有 8 亿多网民，消费潜力巨大，是各类新技术、新业态、新模式理想的试验场，能够让最新的信息技术和产品得到迅速普及推广。2018 年，我国恩格尔系数降至 28.4%，处在联合国划分的 20%—30% 的富足标准，意味着我国居民家庭在满足了"吃"的需求后，对"穿""用""娱乐"等服务消费的需求将进一步扩大和升级。正在持续推进的新型城镇化，为数以亿计的中国人从农村走向城镇、进入更高水平的生活创造着新空间，将带动规模巨大的消费市场。人民对美好生活的追求，正是我们培育和挖掘经济发展潜力的根本动力。

生产力提升的巨大空间。尽管我国经济总量增长很快，但生

产力发展水平同世界先进水平相比还有一定差距。全要素生产率水平仅为美国的 43% 左右。行业之间、地区之间的生产力水平差距较大，大量产出仍然依靠要素投入扩张支撑，一些关键产品还不能自主研发和生产。服务业发展还很不充分，附加值高的知识密集型服务业发展滞后，制造业和生产性服务业发展协同度和融合度不高。补上这些短板，力争赶上世界先进水平，将给我国经济发展带来巨大空间。

城乡、区域结构优化的巨大空间。我国的城乡、区域发展差距仍然较大，东部地区生产总值总量占全国一半以上，东中西部差距明显。城乡居民收入差距仍然较大，2019 年上半年，城镇居民与农村居民人均可支配收入分别为 21342 元和 7778 元，城乡居民收入比为 2.74，而且城乡之间在基础设施、公共服务等方面的差距也很大。发展不均衡、区域城乡差异大，既是当前发展的短板，同时也意味着潜力足、韧性强、回旋余地大。我国具有巨大的体制优势，在中央的统筹协调下，相对不发达的地区可以充分借鉴东部地区的经验教训，发挥后发优势，后来居上。近年来我国深入实施脱贫攻坚、乡村振兴、区域协调发展等战略，已经形成了巨大的增长动力。今后随着广大中西部地区和乡村逐步达到中高收入水平，消费潜力进一步释放、市场空间进一步打开，我们将创造新的发展奇迹。

改善公共服务的巨大空间。改革开放以来，人民群众对公共产品的需求越来越高。与高要求、高期待相比，我国公共产品供给不足、质量不高、不公平的状况还比较突出。当前农村还有大量人口缺少卫生厕所；城镇还有上亿人生活在老旧小区；医疗质量与世界先进水平相比，还有很大提升空间；每千名老年人只有养老床位30.9张，有的公办养老院需要排队几年才能住上……群众在就业、上学、看病、养老、住房等方面的需求不断提高，而解决这些需求，补上发展的短板，即意味着经济增长的巨大空间。从投资看，城市设施改造、轨道交通、老旧小区改造、无线互联网、云计算中心等基础设施将带动大量投资；从消费看，养老服务、终身教育、全科医师、移动医疗等将带动大量消费和就业。

三、发展潜力来自新一轮科技革命的推动和新动能的快速成长

近年来，我国大力实施创新驱动发展战略，科技投入持续增加，新技术、新产品、新业态不断取得突破，新动能快速成长。我们完全能够抓住全球新科技革命的机遇，为经济增长赋予全新的动能。

新技术革命激发新动能。我国在生命科学、绿色能源开发、农业生产、信息技术等许多领域的关键环节和核心技术上取得了重大突破，有的已经达到世界领先水平。比如，我国成功研制出"海水稻"和"沙漠水稻"。全球首个体细胞克隆猴在中国培育成功。我国风电装机容量占全球的34.1%，光伏发电装机容

量占全球的 36.5%。我国也是全世界唯一拥有 100 万伏特高压输电线路的国家。我国自 2013 年起成为世界第二大研发经费投入国，研发人员总量、发明专利申请量分别连续 6 年、8 年居世界首位。2018 年，我国全社会研究与试验发展经费支出 19657 亿元，占国内生产总值的 2.18%，超过欧盟 15 个初创国家平均水平。根据世界知识产权组织发布的《2019 年全球创新指数报告》，我国创新指数居世界第 14 位，比 2013 年提升了 21 位，是前 20 名中唯一的中等收入经济体，创新能力的提升有利于我们在新一轮科技革命中抢占先机。

新产业新业态新模式激发新动能。2018 年，我国新产业、新业态、新商业模式等"三新"经济增加值为 145369 亿元，相当于 GDP 比重的 16.1%。在旧动能衰退的情况下我国没有发生经济失速，在很大程度上得益于新动能的快速成长。2016—2018 年，基础设施投资（不含电力）增速从 17.4% 下降至 3.8%，但计算机通信设备、仪器仪表、通用设备等投资增速分别加快 0.8 个、1.4 个和 10.9 个百分点，社会消费品零售总额平均增速降到 10% 以下，但实物商品网上零售额年均增长 25% 以上。2018 年，我国快递行业业务量突破 500 亿件大关，连续多年保持 50% 左右的增速。新产业新业态新模式"井喷"的背后是新动能的加快成长，更好地满足了人民日益增长的美好生活需要，也为经济长期发展注入了强大内生动力。

简政放权激发新动能。近年来我国实施简政放权，深入推进减税降费，2018 年，全年减税降费规模达到约 1.3 万亿元，有力推动了大众创业万众创新。新兴部门特别是创新型小微企业大量涌现。市场主体每年净增 1000 多万户且逐年加速递增，2018年净增突破两千万户。创业公司大规模涌现，2018 年共诞生 97家估值超过 10 亿美元的初创企业，相当于每 3.8 天就诞生一家，这些企业总体价值达到了 1780 亿美元。市场主体大量增加，创新创业创造潜力不断释放，反映了市场环境的不断改善，也体现了人们对经济发展信心的不断增强。源源不断释放出的经济增长动能，正在推动中国经济行稳致远。

四、发展潜力来自不断创新完善的宏观调控体系

党的十八大以来，我们党不断加强和改进对经济工作的集中统一领导，逐步形成了支持高质量发展的宏观经济政策框架。在科学的宏观调控下，近年来是我国经济增长稳定、波动最小的时期，同世界其他大国经济运行状况形成鲜明对比。国际货币基金组织今年 4 月发布《世界经济展望报告》，在全球主要经济体中，唯独上调了对中国经济增速的预期，由 2019 年初预测的6.2%上调至 6.3%。中国经济正以世所罕见的发展成就令世界瞩目。

提出了高质量发展这个"总纲"。党的十九大提出推动高质量发展，建设现代化经济体系，加快推动质量变革、效率变革、动力变革。这是当前和今后一个时期确定发展思路、制定经济政

策、实施宏观调控的根本要求，是实现从"有没有"到"好不好"、从"体量优势"到"质量优势"转变的治本之策。

形成了以新发展理念为指导、以供给侧结构性改革为主线的政策框架。经济发展进入新时代，需要新理念、新主线。创新、协调、绿色、开放、共享的新发展理念，是中国特色社会主义政治经济学的重大创新。坚持新发展理念，是关系我国发展全局的一场深刻变革。供给侧结构性改革是当前和今后一个时期经济发展和经济工作的主线。我国的供给侧结构性改革致力于提高供给体系的质量与效益，致力于经济体系的转型升级，这将激发出源源不断的经济发展动力，进而开辟出我国经济发展的新境界。

形成了稳中求进工作总基调。坚持稳中求进是党中央确定的经济工作总基调。坚持宏观政策要稳、微观政策要活、社会政策要托底，既有利于保持经济增速位于合理区间、避免跌破底线，又有利于化解重大风险，推进必要的结构调整。在今后一个时期，宏观经济政策将更加注重强化高质量发展的目标引领，突出统筹兼顾、综合平衡，在区间调控的基础上加强定向调控、相机调控、精准调控，能够更好地为我国经济发展保驾护航。

五、发展潜力来自高水平对外开放和推动构建人类命运共同体

中国在继续发挥负责任大国作用、积极参与全球治理体系改革和建设的同时，也为中国自身及其他发展中国家提供了更加公

平的国际秩序和更加广阔的发展空间，有利于我国在更高水平上用好两个市场、两种资源，为经济发展提供良好的外部环境。

在国际竞争中推进自主发展。近一年多来，美国挑起的中美经贸摩擦，对我国和世界经济发展都产生了显著影响。但也要看到，我国的产业链已经同全球经济深度融合，形成了你中有我、我中有你的格局。少数国家逆流而动，改变不了经济全球化的历史性趋势。新中国成立以来，我们曾多次受到外部封锁，但我们坚持独立自主、自力更生，稳定了局面，找到了新的国际合作空间。面对中美经贸摩擦，我们一方面实行高水平的贸易和投资自由化便利化政策，着力发展更高层次的开放型经济；另一方面进一步树立自信、强身健体，把外部压力转化为内在动力，着力增强自主发展的能力。今年上半年，在中美经贸摩擦升级的情况下，我国货物贸易出口按人民币计价仍然增长 6.1%。这充分证明，"单边主义、贸易保护主义上升，逼着我们走自力更生的道路，这不是坏事"，我们能够在"游泳中学会游泳"，在国际竞争中拓展发展新空间。只要我们增强发展信心、保持战略定力，集中精力办好自己的事，我国经济就会迎来更加光明的未来。

推动更高水平对外开放。在国际经济环境复杂严峻的背景下，我国坚定不移奉行互利共赢的开放战略，全方位扩大对外开放，相继通过《中华人民共和国外商投资法》、《外商投资准入特别管理措施（负面清单）（2019 年版）》，修订《外商投资产业指导目录》《中西部地区外商投资优势产业目录》等，2018 年首届中国国际进口博览会成功举办，海南自贸试验区启动建设，货物进出口总额超过 30 万亿元，实际使用外资 1383 亿美元，稳居发展中国家首位。我国政府积极推出一系列举措，制定国际产能合作规划，制定境外经贸合作区发展规划，为中国企业"走出去"提供信息提示和保障服务，扩大开放正按照既定的时间表和路线图，蹄疾步稳、压茬推进，随着高水平引进来、大踏步走出去，我国经济发展的动力将更加强劲。

积极参与全球治理体系改革和建设。随着新兴市场国家和发展中国家的崛起，全球经济版图中"东升西降""南升北降"态势十分明显，西方国家主导的国际格局正在发生深刻变化。党的十八大以来，我国坚定维护以联合国宪章宗旨和原则为核心的国际秩序和国际体系，主张通过调整和改革，使现有国际秩序和全球治理体系朝着更加公正合理的方向发展。我国积极参与国际经贸规则制定，主动提供国际公共产品。2015 年 12 月我国倡议设立了亚洲基础设施投资银行，3 年多来，成员已从 57 个增至 100 个，累计批准贷款 85 亿美元。2019 年 5 月，我国向世界贸易组织正式提交《中国关于世贸组织改革的建议文件》，主张增加世界贸易组织在全球经济治理中的相关性，增强多边贸易体制的包容性。这些努力，既有利于世界各国共同发展，也有利于增强我国的国际规则制定权，为经济发展争取更大空间。

促进"一带一路"国际合作。我国发出共建"一带一路"倡议，就是要打造一个政治互信、经济融合、文化包容的合作平台。2013—2018 年，我国与"一带一路"沿线国家货物贸易总额超过 6 万亿美元，年均增长 4%，建设的境外经贸合作区总投资超过 300 亿美元，为当地创造近 30 万个就业岗位和 20 多亿美元税收，我国与当地企业都受益匪浅。国际金融论坛对"一带一路"沿线 26 个国家央行进行的调查显示，67%的受访央行预计未来 5 年"一带一路"项目将帮助本国经济增速提高 0—1.5 个百分点，25%的央行预计提升 1.5—5.5 个百分点。"一带一路"已经成为一条造福共建国家的开放与繁荣之路，中国企业找到了大量新的机遇，为我国经济发展开辟了广阔的市场和合作空间。

中国经济有巨大的潜力，有独特的发展优势。贯穿各个方面始终、最为根本性的因素，是中国共产党的坚强领导。我们应对当前世界百年未有之大变局、保持中国经济长期平稳健康运行、释放经济发展巨大潜力，最大优势仍然是党的领导。党的十八大以来，我们党形成了坚强有力的领导核心，产生了符合时代要求的习近平新时代中国特色社会主义思想，全面从严治党让党变得更加坚强有力，这是我们有效应对一切风险挑战的根本保障。总体上看，时与势在我们这边，只要我们保持战略定力，坚持办好自己的事，就一定能够克服前进道路上的一切困难挑战，中华民族伟大复兴的光辉彼岸就在前头。

（本文发表于《求是》2019 年第 20 期）

充分发挥"超大规模性"优势
推动我国经济实现从"超大"到
"超强"的转变

当前,我国经济的超大规模性已成为我国经济持续稳定增长的极其重要的优势。我们要科学把握和充分利用好这一优势,并推动我国经济实现从"超大"到"超强"的转变。

一、我国经济超大规模性内涵丰富、优势突出

(一)超大规模性是我国经济的鲜明特性

经济是否具有超大规模性,不仅在于人口多、国土广、经济规模大,而且在于国内市场统一程度高。经济的超大规模性由这四者共同决定。我国是世界上人口第一大国,与我国人口规模接近的只有印度;国土面积接近 1000 万平方公里,超过我国的只有俄罗斯和加拿大,美国和我国接近;2018 年,我国 GDP 达到 13.6 万亿美元,相当于美国的 66%;欧盟的经济规模超过我国,

但是其内部存在壁垒，市场的统一性低于我国。在诸多经济体中，我国同时具备这 4 个条件，超大规模性是我国具有的突出优势。

所谓经济超大规模性，是指一个经济体依托超大规模人口、超大规模国土空间、超大规模经济体量、超大规模统一市场四大因素所形成的叠加耦合效应，在运行效率、产业构成、空间格局、动态演化、全球影响等方面所展现出的诸特性的总和。具体地说，我国经济超大规模性体现为规模经济效应超大、范围经济效应超大、空间集聚效应超大、创新创造效应超大、发展外溢效应超大等五大特征。

规模经济效应超大。我国具有超大规模的劳动力队伍，劳动力资源超过 8 亿，居全球第一；具有超大规模的国内市场，2018年，我国社会消费品零售总额约为 5.8 万亿美元，相当于日本国内生产总值的 116%。这为产业分工的深化和拓展提供了广阔的空间，一方面有助于提高经济整体效率，另一方面也会使得规模化发展的产业数量超过许多国家，在国际竞争中形成综合成本优势。

范围经济效应超大。我国生产要素丰富多元，既有海量的普通劳动者，也有充沛的高文化水平、高技能劳动者；既有与普通劳动者技能相适应的技术，又有处在或接近全球前沿的技术。这些都可以使我国形成较为完备的产业体系，以及在更多的生产环节上形成竞争优势。另外，我国区域发展不平衡、资源禀赋差异大，使得产业发展具有明显的层次性、多元性。同时，因为产业在地区间转移具有更大可能性，新兴产业成长空间更为广阔，新兴产业和传统产业能够长期并存。

空间集聚效应超大。我国拥有 14 亿左右的人口，远超过欧盟、美国、日本等发达经济体。人口在空间上集聚的规模和强度将超过任何一个先发国家。这意味着，我国会有更多的中心城市、都市圈和城市群；也意味着，我国单个中心城市、都市圈和城市群所集聚的人口规模会更大。生产要素在空间上的集聚，带来的不仅是效率的提升，还有创新动力和能力的增强。

创新创造效应超大。我国拥有超大规模的创新资源。2017年，我国全时研究人员数量达 174 万人，超过美国的 137 万人；按照购买力平价衡量，研发投入已接近 5000 亿美元，总量略少于美国的 5432 亿美元。目前，我国每年还有 800 多万高等院校毕业生。超大规模的创新资源，意味着强劲的创新创造能力和大量的创新创造成果。作为上中等收入的人口大国，我国有着全球规模最大的中等收入群体，这意味着对新产品的海量需求。

发展外溢效应超大。我国进出口规模巨大，2018 年货物贸易进出口总额约为 4.6 万亿美元，占全球贸易总额的 11.8%，已连续两年位居世界第一。我国大规模的进口，为世界其他国家创造了广阔的市场机会，有力带动了世界经济的增长。我国大规模价廉物美产品的出口，为许多国家长期保持物价低水平、提高国民福利提供了有力支撑。

（二）我国经济超大规模性具有五大突出优势

具有生产率持续提高的优势。经济越发展，生产率对增长的贡献越大。从未来趋势看，国与国之间的竞争越来越体现为生产率的竞争。生产率与分工的程度高度相关，分工的深化又取决于市场规模的大小，市场规模越大，分工可以越精细。我国超大规模的国内市场为拓宽产业领域、深化产业分工创造了条件，在促进专业化分工和规模经济方面具有一般经济体无法比拟的明显优势。分工深化提升了产业链各环节的生产率，创造了更多增加值。与此同时，我国各地基于资源要素禀赋，展开了相互之间的分工合作，提高了各自的专业化水平，在东中西部都形成了众多的产业集群和制造中心。

具有产业体系完整的优势。对一个大国来说，产业体系越完备，经济的韧性越强，在激烈的国际竞争中越能够顶住压力、抵御风险，越能够变被动为主动。完善的工业体系和产业链条也能够减少工业配套生产成本，有利于生产品类丰富、质优价廉的产品。我国既可以凭借丰富的劳动力资源长期占据价值链中低端，又可以凭借丰富的研发资源攀升至价值链高端，从而形成更加完备的产业体系。经过几十年的发展，我国已经建立了比较完整的产业体系和产业链条。联合国把工业划分为 39 个大类、191 个中类和 525 个小类，我国工业覆盖以上所有门类，是世界上制造体系完整度最高的国家之一。建立在经济超大规模性的基础上，未来我国的产业体系和产业链条将更加完备。

具有高水平创新创业创造的优势。在信息化和即将到来的人工智能时代，高水平创新创业创造是一个国家发展的动力源，决定着这个国家在全球经济格局中的地位。而创新创业创造的能力和水平取决于生产要素的质量和规模。从现实情况看，全球生产要素尤其是高端生产要素在空间上并非均匀分布，往往集中于大规模经济体尤其是超大规模经济体。我国经济的超大规模性，将以其要素的丰富性、市场的规模性、成本结构的多元性所形成的叠加效应，吸引更多的全球生产要素。在要素集聚的累积循环效应下，我国对全球要素的吸引集聚能力有条件进一步强化。目前，具有强大创新能力的跨国公司纷纷参与到我国创新创业创造的过程中，与国内各地建立了技术转移、项目对接、人才交流等合作关系。在融入全球创新网络的过程中，我国的创新创业创造能力将会不断提高。

具有孕育世界级都市圈和城市群的优势。目前，国与国之间的竞争在空间上越来越表现为中心城市、都市圈和城市群之间的竞争。目前我国已形成长三角、珠三角等具有较强国际影响力的城市群。2018 年，长三角城市群生产总值达 2.7 万亿美元左右，经济规模超过世界第八大经济体意大利；珠三角城市群生产总值约为 1.2 万亿美元，与世界排名第 15 位的经济体墨西哥相当。未来，随着新型城镇化的推进，我国还会形成更多的世界级中心城市、都市圈和城市群。它们会成为带动我国经济增长的巨大引擎，也会成为我国参与国际竞争的主力军和发挥全球影响力的空间依托。

具有在全球范围配置资源的优势。我国人力资源丰富，但是土地、矿产等自然资源相对匮乏，只有在全球范围配置资源要素，才能实现更快更好的发展。而在全球范围配置资源要素的主要是跨国公司。凭借超大规模的市场，我国可以培育出更多具有全球影响力的跨国公司。目前，"财富500"榜单上我国企业数量已和美国基本相当。在新兴产业领域，我国也涌现出一批"独角兽"企业。2018年底，全球308家"独角兽"企业中，我国拥有83家，仅次于美国，居全球第二位。这些企业有可能发展成为跨国公司。借助本土跨国公司，我们可以提升在全球范围内配置资源、整合资源的能力。

当然，也要清醒地看到，虽然我国经济已经"超大"，但还不是"超强"，经济社会发展中还有不少短板：经济增长仍然主要依靠资源和要素投入，而不是依靠科技创新；科技水平与国际前沿差距较大，关键核心技术严重依赖于发达国家；制造业处在价值链中低端，现代化所必需的高端装备主要依赖进口；服务业国际竞争力不足，服务贸易逆差长期存在并不断扩大；金融业全球影响力弱，人民币尚未成为真正意义上的国际通用货币；具有全球资源配置力和控制力的大型跨国公司不多，为数不多的跨国公司在全球布局产业链、价值链的能力也不够强；在国际规则和标准的制定中话语权不够大，通过创设议题、引导国际规则制定，捍卫国家主权、安全和发展利益的能力有待提高。

还要认识到，"大也有大的难处"，经济超大规模性同样蕴含着风险和挑战。从内部看，超大规模经济体经济复杂程度更高，城乡、区域发展不平衡，保持国民经济平稳运行需要下更大的力气和功夫。同时，在我国这样一个人口大国，即便一个只涉及1%人口的问题，都会对应着1400万人，超过大多数国家的人口，社会治理的难度远远超过一般经济体。从外部看，超大规模经济体对世界政治经济格局的影响更大，需要在维护世界和平、促进共同发展、温室气体减排等方面承担更大的国际责任。

二、我国经济超大规模性是在中国共产党的坚强领导下，全国人民经过长期艰苦奋斗取得的辉煌成果

人口众多、幅员辽阔是形成超大规模经济体的两大基础条件，但是人口多、地域广的国家并不必然会发展成为超大规模经济体。要发展成为超大规模经济体，必须付出艰苦的努力。历史地看，我国一直是世界上人口最多、国土面积居世界前列的国家，但是直到今天，我国经济才具有超大规模性。我国经济具有超大规模性是新中国成立70多年来特别是改革开放40多年来党中央制定和实施一系列正确的战略、方针和政策的结果，是全国人民筚路蓝缕、拼搏奋斗的结果。

（一）坚持以人民为中心的发展思想，最大范围地动员人民参与现代化建设

人是生产力发展中最宝贵、最活跃的因素，一个国家的现代

化能否成功，取决于能否动员全体人民参与到现代化建设当中。在旧中国，大多数人没有受过教育，身体素质低下，缺乏足够的生产资料，被隔离在现代化的大门之外，巨大的人口规模不仅没有成为国家发展的优势，反而成为国家发展的负担。新中国成立后，我们在对旧的社会结构进行根本性变革的基础上，不断提高人民的文化和健康水平，尽最大可能为人民参与现代化建设创造条件。

新中国成立初期，我国人均预期寿命仅为 35 岁，学龄儿童入学率只有 20% 左右，80% 以上的人口是文盲。2018 年，我国人均预期寿命达到 77 岁，与欧洲国家平均水平相近；15 岁以上人口平均受教育年限提高到 9.6 年，九年义务教育巩固率达到 94.2%，高等教育毛入学率达到 48.1%，超过中高收入国家平均水平。

在不断提高人民文化和健康水平的同时，我国在不同的历史时期采取不同的方针和政策，为人民参与现代化过程努力创造条件。计划经济时期，在农村通过建立集体经济制度，在城市通过发展国营经济以及实行低工资、广就业的政策，使人人都有参与生产劳动的机会。改革开放时期，通过大力发展非公有制经济、推进城镇化，创造大量就业机会；通过农业改革、户籍制度改革等，促进农村富余劳动力不断向第二、三产业转移。2018 年末，我国就业人员达到 7.8 亿人，是新中国成立初期的 4.3 倍，第二、三产业就业人员占比分别为 27.6% 和 46.3%，比新中国成立初期提高了 20.2 个和 37.2 个百分点。

（二）统筹布局区域发展，推动各地在现代化建设中形成合力

历史表明，统筹好各地的发展，使各地能够在国家现代化过程中形成相互支撑而不是相互掣肘的关系，是大国必然面临的挑战。应对得好，国家现代化就能顺利推进；应对得不好，国家现代化就可能遇到挫折。新中国的成立，结束了军阀长期割据的局面，实现了国家空前的政治统一，创造了国家现代化的基本政治前提。

始终注重统筹各地的发展，推动形成"全国一盘棋"的格局。新中国成立初期，我国工业主要聚集于东部和东北地区。计划经济时期，通过重大项目向中西部地区布局和大小"三线"建设，为内陆地区工业化、城镇化奠定了必要基础。改革开放后，我们坚持"两个大局"的思想，通过实施沿海地区优先发展战略，推动东部地区加快发展；又通过实施西部大开发、东北等老工业基地振兴、中部崛起、京津冀协同发展、长江经济带发展等战略，形成了各地协同发展的局面。

适时调整中央与地方财权事权关系，充分调动地方发展的积极性。"一五"计划后期，中央通过扩大地方政府财权，促进了投资和工业积累。20 世纪 70 年代，中央对企业经营管理权的下放促进了地方集体企业的快速发展，为改革开放后乡镇企业的蓬勃发展奠定了基础。改革开放后，中央先后实行了财政包干制和

分税制改革，地方发展经济的积极性被极大调动。

（三）着力推动基础产业发展，持续丰富产业体系

大国的现代化，需要巨量的资源、能源和资本品投入。如果没有强大的基础产业，其现代化将难以启动，即使被启动，也不可能持续推进。

我国在现代化过程中高度重视基础产业的发展。在计划经济时期，通过实施重工业优先发展战略，使工业品生产能力快速增长、工业体系不断完善，新中国成立初期工业部门只有采矿业、纺织业和简单加工业的局面逐步得到根本性改变。改革开放后，工业化、城镇化进入快车道，对基础产业发展提出了更高要求，我国不断补齐基础产业短板，使基础产业对现代化的支撑能力进一步增强。

我们还积极把握和利用全球产业变革的重大机遇，培育和发展新产业。新中国成立后，我们实施赶超战略，努力缩小与发达国家的差距。20世纪80年代以来，信息化、数字化和智能化革命先后兴起，我们乘势积极推进信息通信、云计算、大数据、物联网、智能制造等产业的发展，进一步丰富产业体系。

（四）高度重视创新能力建设，不断优化创新环境

创新是驱动发展的第一引擎，是现代化持续推进的不竭动力。创新活动的规模效应使人口大国具有了创新的潜在优势，但要把创新的潜在优势变成现实，必须制定符合国情的创新发展战略，建立有效配置创新资源的体制机制，构建调动人们创新创造

积极性的制度环境。

计划经济时期，在极为不利的内外部条件下，我国坚持自力更生发展科技事业。国家组织编制了《科技中长期发展规划》，建立了科技人才培育体系，并尽可能为科技人才创造良好的工作生活条件。改革开放后，党中央提出"科学技术是第一生产力"的论断，相继推进科技拨款制度改革、科研机构改革、高等教育改革等重大制度改革举措，领导实施了一系列重大科技研究发展计划和攻关项目，通过创建科技园区，开辟技术市场，促进了科技成果的产生、推广和应用。

党的十八大以来，以习近平同志为核心的党中央把创新摆在了更加突出的位置，作出了"创新是引领发展的第一动力"这一重要论断，加大力度推进科技体制改革，加大力度支持关键技术和核心技术攻关，加大力度组织实施国家重大科技专项，加大力度支持基础研究和原始创新，使国家自主创新能力得到全面提升。

（五）持续扩大对外开放，积极利用国外资源和全球市场

大国的现代化对于资金、技术、市场的需求巨大，必须善加利用全球市场和各类国际资源。我国始终注重与世界各国展开经济技术合作。计划经济时期，在西方国家对我国实行经济封锁的不利条件下，中央依然就对外合作进行了战略谋划。这一时期，我们主要与社会主义国家开展合作，也尽最大可能与资本主义国家进行合作。

20 世纪 80 年代以来，我们把对外开放作为基本国策。为应对开放可能产生的不确定性，采取了梯次渐进的开放策略。在地域上，从经济特区到沿海城市、再到内陆地区逐步扩大开放；在产业上，从下游行业到上游行业、从制造业向服务业逐步拓展开放；在制度上，坚持不断改革完善外贸管理体制，推动贸易投资体制市场化、国际化、法治化。党的十八大以来，推动建立开放型经济新体制，进一步推进贸易投资自由化便利化，全面落实准入前国民待遇加负面清单管理制度，使我国的现代化和经济全球化更加密切地联系在一起。

（六）以完善体制机制和基础设施体系为抓手，努力推进全国市场一体化

市场的统一性是超大规模优势得以形成的基本前提。建设全国统一市场既需要突破地方利益的藩篱，健全保障产品和要素在空间上自由流动的体制机制；又必须克服自然地理条件造成的空间阻隔，完善支撑物资、信息和人员快捷便利流动的基础设施体系。

计划经济时期，我国虽然没有按照市场的逻辑安排生产和经营，但是重要的生产资料由中央在全国范围内统一调度和配置。改革开放后，建设全国统一市场成为构建社会主义市场经济体制的基础性任务，通过重构并不断完善财税体制，改进市场监管制度，推进户籍制度和就业制度改革，特别是通过"放管服"改革最大程度地减少政府对经济活动的干预，为构建全国统一市场

提供了制度保障。

倾力建设覆盖全国的基础设施网络，全国市场一体化具备了坚实物质基础。新中国成立之初，我国铁路里程仅 2.2 万公里，公路里程仅 8.1 万公里，没有一条高速公路，交通运输十分落后。到 2018 年末，我国铁路营业总里程达到 13.2 万公里，高铁营业总里程达到 2.9 万公里，超过世界高铁总里程的 2/3，居世界第一位；全国公路总里程达到 485 万公里，是 1949 年的60 倍。

尤其值得称道的是，改革开放以来我国在通信基础设施领域实现了赶超。40 多年来，我国在移动通信领域经历 1G 空白、2G 跟随、3G 突破、4G 同步、5G 引领的发展历程。2014 年后，我国用 3 年时间建成全球规模最大、覆盖最广的 4G 网络，2018 年末 4G 用户总数已达 11.7 亿。2016 年，我国 5G 技术研发全面启动。目前，5G 技术已经成熟并开启商业化应用。

三、充分依托和发挥经济超大规模性优势，促进我国经济持续平稳发展和全球地位的提升

当前，我国经济运行的风险不小，外部环境中的不确定性和挑战增多。这种压力和挑战很可能伴随着中华民族伟大复兴的整个进程，因此，要充分依托和发挥我国经济超大规模性所具有的优势，应对挑战，纵横捭阖，化危为机，进一步增强我国经济运行的平稳性、持续性，进而为中华民族伟大复兴营造良好环境。

144

（一）利用好市场的超大规模性，为经济持续增长提供支撑

我国拥有 14 亿人口，单是 8.3 亿的城镇人口就比欧洲总人口还要多近 1 个亿，中等收入群体人口数以亿计，内需潜力巨大。然而由于收入分配制度不完善，我国不同阶层的收入差距较大，社会保障体系不健全，社会整体消费升级步伐放缓，超大规模的内需市场潜力没有得到充分挖掘。释放内需潜力，必须完善收入分配制度，健全社会保障体系；建立合理的房地产制度，确保实现"房子是用来住的，不是用来炒的"定位；提高教育、医疗等公共服务支出总体水平，切实减轻工薪阶层的生活压力。同时，要继续推进"放管服"改革，公平对待各类所有制企业，最大程度地向全社会释放投资机会，带动投资增长。

（二）利用好巨量生产要素的丰富性，巩固提升产业链水平

一个时期以来，受国内综合成本持续上涨和国际贸易摩擦等因素影响，国内制造业企业普遍承受较大的生产经营压力，一些企业出于成本、出口等考虑，选择向东南亚等国家转移，中高技术环节的转移也露出了苗头。这种现象持续下去，会损害我国产业链的完整性，影响产业升级进程以及长期经济的发展势头，还可能带来比较严重的就业问题。解决这些问题，关键要把巨量的生产要素配置好利用好，巩固提升产业链水平。

为此，要健全价格形成机制，降低土地、资金、能源等生产要素的使用成本，减少物流成本，进一步推进减税降费，增强营商环境对企业的吸引力，削弱产业链转移的内在动力。要针对实

体经济成本高、效益低这一问题，综合采取结构性需求政策和结构性金融政策，提高实体经济对于各类生产要素的吸引力，使生产要素更多地配置到产业链的薄弱环节。

（三）利用好海量创新资源，加快提升工业基础能力

依靠科技创新，持续提升工业基础能力是后发追赶型国家面临的普遍难题。历史经验表明，落入"中等收入陷阱"的国家多数存在科技创新能力明显滞后于经济发展的问题，"中等收入陷阱"很大程度上是"技术停滞陷阱"。过去，我国依靠学习、模仿国外先进技术提升了工业基础能力，但是在此次中美贸易摩擦中，工业基础能力不足的问题充分凸显。未来要避免产业发展方面的被动，就要利用好我国巨量的创新资源去突破重大技术难关，开发未来前沿技术。要利用我国完整的产业链条、巨大体量的市场空间以及由此带来的生产者和消费者之间的高频率互动，加快推进创新成果的市场化和产业化。

要引导创新资源向基础研究和应用基础研究倾斜，增强源头供给能力。加大基础研究投入水平，优化经费支出结构。推动基础研究投入主体多元化，支持有能力的企业加大基础研究投入。要发挥集中力量办大事的制度优势和超大规模的市场优势，加快推动重要国产新品的市场化应用。以重大终端需求为牵引，以重要终端用户企业或者行业相关机构为主要牵头方，针对具备基础条件的重点产品开展全产业链系统提升工作，加强各相关主体在技术合作、产用衔接、服务配套等方面的协同配合。

（四）利用好国土空间大的优势，培育更多高效运行的都市圈和城市群

都市圈和城市群是形成规模经济和范围经济的空间载体，城镇化的集聚效应和创新效应是提高我国经济效率、品质和韧性的重要支撑。目前我国有 660 多个城市，其中城区人口超过 1000 万的超大城市 7 个，人口在 500 万—1000 万的特大城市 9 个，人口在 100 万—500 万的大城市 124 个。五大城市群（珠三角、长三角、京津冀、长江中游、成渝）集中了全国 55% 的经济总量和 40% 的总人口。但是，从总体上看，我国城市群的内在联系还不够紧密，不同规模城市间的分工合作还需要加强，部分中心城市与周边地区存在"断裂带"，中心城市的辐射带动作用需要进一步发挥。

优化城镇体系空间布局，打造更强大的集聚经济，要完善户籍制度和公共服务体制，进一步增强中心城市、都市圈和城市群的经济和人口承载力。要进一步完善基础设施网络，提高基础设施的现代化水平，为大中小城市之间的密切互动创造更便利的条件。要强化各类城市群规划的权威性、可操作性，切实把规划落到实处。

（五）利用好超大规模经济体的韧性和回旋空间，缓释并化解经济运行风险

超大规模性使我国经济具有较强的韧性和较大的回旋空间。由于各地发展所处阶段和资源禀赋不同，产业可以实现梯度转

移、接续发展，新动能可以平稳替代旧动能。还由于各产业发展的周期不同，有些产业处在成长期，有些产业处在下行期，前者的发展可以冲抵后者衰落所带来的负面影响。经济超大规模性还有利于资金优化配置，为金融体系分散、缓释和化解风险提供了较大余地。这些使得我国经济运行中出现的风险往往是局部性的、行业性的，可以为避免全局性系统性风险争取时间和空间。正因如此，在过去的发展中，国际金融危机、股市大幅异动等虽然冲击了我国经济运行，但它们都没转化为系统性金融危机。

当前，我国各地竞争环境还不够公平，中西部和东北地区营商环境还不够优化，产业链的完整度还有待进一步提高，金融和实体经济失衡的问题依然突出，使得我国经济的韧性和回旋余地未能得到充分的运用。充分运用这一优势，要促进全国统一市场的建设，进一步优化各地特别是中西部和东北地区的营商环境。要利用新一轮科技革命和产业变革的机会，进一步完善我国的产业体系和产业链。还要通过构建多层次、广覆盖、有差异的商业银行体系，建立规范、透明、开放、有活力、有韧性的多层次资本市场，更好发挥超大规模金融资源对实体经济发展的支撑作用，提高识别、化解和处置系统性风险的能力。

四、以高质量发展推动我国经济实现从"超大"到"超强"的转变

实现我国经济从"超大"到"超强"的转变，不仅是应对

当前困难和挑战的需要，也是推动我国现代化不断迈上新台阶，并最终建成现代化强国的必然要求。未来，我们要积极应对百年未有之大变局，抓住新一轮科技革命和产业变革带来的历史机遇，在科技创新、产业发展、国家软实力等方面对标当今世界强国，加快弥补发展短板，持续强化发展能力。要矢志不渝地深化改革，夯实市场经济运行的体制基础，进一步推进"放管服"改革，打造市场化、法治化、国际化营商环境，厚植市场主体发育、成长、壮大的土壤。要坚定不移地扩大开放，在维护全球多边贸易体制的基础上，积极推动全球经济治理机制的变革，推动"国民待遇+负面清单"全面落地，聚集更多全球高端生产要素。要持之以恒地推动创新，深化科技、教育等领域的改革，充分利用新一轮科技革命和产业变革带来的机遇，打造更多更有聚合能力的"双创"平台，释放全体人民创新创业创造活力。以改革开放创新推动经济转入高质量发展轨道，促进我国经济由"超大"变为"超强"。

（一）着力优化创新生态系统，打造科技创新强国

当前，新一轮科技革命正在由"导入期"向"拓展期"过渡，这正是我国追赶发达国家不容错失的"窗口期"。我们必须发挥政府、企业和社会各方面的积极性，尽快形成科技创新合力。要优化科研组织体系，更好发挥我国特有的制度优势和市场配置资源、激励创新的作用。要针对基础领域、前沿领域中的短板，抓紧布局国家实验室等科研基地和平台，加大公共科技创新

资源的开放共享力度，在重要领域适度超前布局建设国家重大科技基础设施。要加快分类推进科研院所管理和运行机制改革，鼓励研发机构社会化发展，构建形成多元竞争、包容共进的研发格局。要改革人才培养方式，构建能够满足我国现代化建设需要的创新人才长效培育机制。要加快教育领域全面深化改革，强化高端创新人才和产业技能人才培养。要加大创新激励力度，使创新活力更加充分迸发、创新能力更加充分释放。要完善科研人员评价、收入分配及奖励制度，消除科研山头主义、圈子主义现象，尽快完成科技成果处置收益和股权期权激励制度改革。要打造国际一流水准的创新生态，构建更加完善的知识产权保护制度，提高创新政策稳定性和透明度，完善对中小微企业创新的支持和服务体系。

（二）着力推动产业基础高级化、产业链现代化，打造制造业强国

产业基础高级化、产业链现代化是制造业强国的基石和标志，主要体现在产业的技术层次、产业的附加值、产业体系的完整性、产业的自主可控性等方面。打造制造业强国必须做好战略顶层设计和战略统筹，必须围绕打造具有全局意义的产业链，加大资金和人力资本投入，强化研发机构和企业之间的联系，强化上下游企业之间的协同，强化需求侧与供给侧的政策协调。同时，要推动传统产业转型升级，提高其附加值，构建"包容审慎、一业一策"的监管框架，为新产业、新业态、新模式的发

展创造良好的制度环境。要提升制造业创新和设计能力，推动产业链向微笑曲线前后两端延伸。另外，我国东部地区同中西部地区禀赋差异较大，应在中西部地区建立更为优良的营商环境，积极引导东部地区产业向中西部地区有序转移。

（三）着力提高服务业全球竞争力，打造服务业强国

信息技术和数字技术的发展，使服务业成为各国角逐的焦点领域。与制造业"大而不强"相比，我国现代服务业的弱势尤为突出。我国服务贸易长期存在逆差，2018 年逆差达到近 3000 亿美元，打造服务业强国的任务极为紧迫。推进服务业现代化，要完善服务业发展的体制机制，根据服务业所具有的经济技术特征，制定环境包容、监管有效的政策。发展高质量服务业的关键支撑要素是高素质人才，要通过教育、培训、吸引国外高端人才等方式壮大服务业人才队伍。要进一步扩大服务业开放，以更加充分的竞争促进国内服务业的发展。要促进科技革命成果在服务业中的广泛运用，促进服务领域新产业新业态的发展。

（四）着力提升金融竞争力，打造金融强国

金融是现代经济的核心，看似是强国的软支撑，实则是强国的硬条件。无论是荷兰、英国等历史上的强国，还是美国这一当今时代的强国，无不是通过其竞争力强的金融体系在全球范围进行高效的资源配置。我国经济要实现由"超大"到"超强"的转变，提升金融竞争力至关重要。要在深化认识金融本质和规律

的基础上，构建与国际规则相协调、与我国国情相符合的金融体制机制。要通过优化调整金融体系结构，构建多层次、广覆盖、有差异的银行体系，建设规范、透明、开放、有活力、有韧性的资本市场。要吸引更多高水平外资金融机构进入内地，以共建"一带一路"为契机，深化与沿线国家的金融合作，增加人民币计价的金融交易份额，提高人民币跨境使用规模，积极寻找大宗商品贸易人民币结算机会，稳步推动人民币国际化。要提高参与国际金融治理的能力，着力增强金融全球影响力。

（五）着力推动企业整合内外资源，建设世界级跨国企业

企业是国民经济的细胞，是国家竞争力的微观基础，世界级跨国公司更是强国的"标准配置"。纵观世界发展史，一国崛起的过程通常伴随着世界级企业的诞生与成长，正如东印度公司之于英国，福特、通用之于美国，西门子之于德国，本田、丰田之于日本。20世纪70年代以来，世界级跨国公司更是主导了全球化进程。改革开放以来，我国本土跨国公司快速成长，但影响力还不大，在部分重要产业领域的世界级企业数量还不多，必须把加快培育世界级跨国公司放到重要议事日程上。要利用超大规模的国内市场，加快培育一批大型本土高端制造业企业，使之成为超大型跨国企业的"胚胎"。要更加注重拓展国际市场，更加注重在全球范围布局产业链、价值链，更加注重利用全球人才、技术等高端生产要素和创新资源，更加注重对当地文化的尊重、社会责任的承担，以增强企业的国际认可度。

（六）着力提高全球治理能力，打造软实力强国

全球治理能力是国家竞争力的重要组成部分。在经济由"超大"到"超强"的过程中，全球治理能力的作用越来越大。二战后，美国以强大的经济实力做后盾进行价值观输出，维护并不断强化美国在全球治理体系中的地位。我国是社会主义国家，倡导建设人类命运共同体，不会搞"意识形态"输出，但要成为世界强国，也必须注重提高全球治理能力。要在能力许可的条件下，主动承担更多国际责任，向全球提供更多的公共产品。要科学总结我国在减贫、生态保护、发展数字经济等方面的经验，为解决人类发展问题贡献中国智慧和中国方案。要通过互利共赢的开放，使越来越多的国家认识到，中国提出的人类命运共同体的理念不仅是美好的愿望，还会变成美好的现实。要更加积极参与网络、极地、深海、外空等新兴领域的开发及其治理规则的制定，加强教育交流、文明对话、生态文明建设等领域的国际合作，不断增强我国的软实力。

（本文发表于《管理世界》2020 年第 1 期）

建设高标准市场体系与构建新发展格局

当前，我国已经基本实现全面建成小康社会的第一个百年奋斗目标，正乘势而上开启全面建设社会主义现代化国家新征程、向第二个百年奋斗目标进军。党的十九届五中全会围绕新阶段构建高水平社会主义市场经济体制的重大任务，对建设高标准市场体系做出了全面部署，将"高标准市场体系基本建成"作为"十四五"时期经济社会发展的主要目标之一。这是党中央、国务院面对深刻复杂变化的发展环境，坚持不懈建设社会主义现代化国家，坚定推进全面深化改革的重大战略举措，对加快构建以国内大循环为主体、国内国际双循环相互促进的新发展格局，具有重要的战略意义。

一、理解把握建设高标准市场体系的深刻内涵

深刻理解把握高标准市场体系的丰富内涵和重要特征，是我们学深悟透习近平新时代中国特色社会主义思想、切实贯彻党中

央决策部署的重要前提，也是我们推进建设高标准市场体系各项工作的思想保障。

（一）高标准市场体系的深刻内涵与主要特征

市场体系是市场经济运行的基础。党的十八大以来，党中央一直把市场体系建设摆在突出位置。习近平总书记在 2018 年中央政治局集体学习时发表重要讲话，明确把建设现代市场体系作为现代化经济体系的六大体系之一，强调"建设统一开放、竞争有序的市场体系"。党的十九届五中全会明确提出建设高标准市场体系的目标任务，即"健全市场体系基础制度，坚持平等准入、公正监管、开放有序、诚信守法，形成高效规范、公平竞争的国内统一市场"。建设高标准市场体系更加强调制度的完备性，更加强调公平竞争和发挥市场在资源配置中的决定性作用，更加强调发挥好政府作用，维护市场秩序、弥补市场失灵，将市场经济与社会主义充分结合，推动有效市场和有为政府更好结合，强化市场立规建制能力，积极对接和影响国际市场规则，全面提升市场规则的吸引力和竞争力。因此，建设高标准市场体系是一项重大的基础改革。

高标准市场体系是我们党在世界百年未有之大变局加速演进的重大背景下，面向建设社会主义现代化国家新百年目标，面向构建高水平社会主义市场经济体制，为形成统一开放、竞争有序、制度完备、治理完善的现代市场体系而构建的一整套市场制度体系。其主要内容可以梳理为 5 个部分。

高标准的市场基础制度。有活力的市场主体是市场发展和运行的动力之源。平等、完善、严格的产权保护制度，公平、透明的准入标准和竞争规则，是激发各类市场主体活力的基础，也是市场体系有效运行的基础。高标准的市场基础制度重点包括平等保护产权的法律法规体系，健全的产权执法司法保护制度，有效的知识产权保护制度，体现现代市场治理理念和要求的竞争制度、市场准入及退出制度等。

高效率的要素市场配置机制。土地、劳动力、资本、知识、技术和数据等各类要素，是国民经济运行及市场主体生产经营必须具备的基础性资源。要素市场配置机制是在价格引导下，撮合交易、实现交易，进而解决生产什么、为谁生产、如何生产问题的一系列制度、规则，核心是价格机制。各类要素自由有序流动和高效配置，是提升经济效率和实现高质量发展的关键。要加快要素市场化改革，构建稳定、安全、高效的要素市场机制、交易规则和市场体系，让市场在要素资源配置中起决定性作用。

高质量的市场发展环境。这里的环境既包括硬环境，也包括软环境，其核心是建立有利于市场经营和消费实现的稳定规范的市场环境，让各类市场主体和消费者都有获得感。要求加快完善市场化法治化国际化的营商环境，公平规范的全国统一大市场，健全的消费者保护制度以及现代化的市场基础设施体系。

高水平的市场开放制度。既有高水平的商品要素开放，又具备规则等制度型开放。重点包括完善的外资准入前国民待遇加负面清单管理制度，有序安全的产业开放政策体系以及国内外接轨的市场规则和标准。

高效能的市场监管机制。市场是万万不可或缺的，同时，市场本身也不是万能的。这就需要以政府为主的监管，同时要有舆论监督、社会监督和行业自律。这是维护现代市场安全和稳定运行的基本保障。其本质要求是加强政府自身改革，将该放的权放足、放到位，该管的事管好、管到位，建立现代化的治理体系、综合协同的监管体制机制，加强对重点市场和领域的监管，形成依法诚信的治理机制和健全的社会监督机制，建立安全和稳定的风险防控能力。

（二）建设高标准市场体系的背景与由来

高标准市场体系是建设高水平社会主义市场经济体制的重要组成部分；是党中央、国务院对现代市场经济认识的升级；是面对深刻复杂变化的发展环境，坚持不懈建设社会主义现代化国家，主动回应新时代、新目标、新要求的中国特色社会主义市场经济理论创新和制度创新。应从以下角度加以理解和把握：

一是历史的维度。改革开放 40 多年来，我国实现了从高度集中的计划经济体制向社会主义市场经济体制的伟大转变，这一转变是全方位、系统性、根本性的。在这一历史过程中，作为市场经济运行的重要基础和载体，包括商品和要素在内的市场体系的发展，具有明显的阶段性、渐进性特征。党的十八大之前，市场体系建设重在发展，突出了主体培育、市场建设、体系构建、规则探索等方面的工作，经历了市场培育（1978—1991 年）、快速成长（1992—2000 年）、开放创新（2001—2012 年）的阶段，实现了从无到有、从小到大、从商品到要素、从封闭到开放的一系列历史转变，为发挥市场配置资源要素的基础性作用，提供了空间和支撑。

党的十八大以来，市场体系建设更加注重市场体系的完善和制度建设，商品和服务的价格改革持续深化，金融、土地、劳动力、技术等要素市场化改革全面展开，对外开放迈向更高水平，市场监管体系和营商环境显著改善，"京津冀""长三角""粤港澳大湾区"等区域市场一体化进展明显，市场体系的制度建设成就显著，为市场机制在资源配置中发挥决定性作用提供了坚实的基础，实现了市场体系从初级向现代的新飞跃。

进入新发展阶段，面向开启全面建设社会主义现代化国家新征程、面向加快构建新发展格局，建设高标准市场体系的重点应进一步转向完善制度体系，即加快完善高标准的市场基础制度，形成高效率的要素市场配置机制、高质量的市场发展环境、高水平的市场开放制度以及高效能的市场监管机制，目的是在更高层次上形成统一开放、竞争有序、制度完备、治理完善的现代市场体系，在更大程度上激发市场主体活力，在更大范围内提高资源配置效率。

二是发展的眼光。党的十九大指出，我国仍处于并将长期处于社会主义初级阶段的基本国情没有变，我国是世界最大发展中国家的国际地位没有变。当前,我国正处在"两个一百年"奋斗目标的历史交汇期。在开启全面建设社会主义现代化国家的新征程中,需要贯彻新发展理念,加快构建新发展格局,推动经济社会实现高质量发展。因此,要深刻认识我国新发展阶段的新特征新要求,根据社会主要矛盾的变化,加快推进改革开放,加快理论创新和制度创新,既有效解决长期积累的老矛盾,啃下重点领域和关键环节依然存在的"硬骨头";也要在创新发展过程中,积极化解新矛盾,补齐新短板。

当前和今后一个时期,我国发展仍处于重要战略机遇期,但机遇和挑战都有新的发展变化。建设高标准市场体系,必然要求我们深刻认识我国社会主要矛盾变化带来的新变化新要求,深刻认识错综复杂的国际环境带来的新矛盾新挑战,增强机遇意识和风险意识,立足社会主义初级阶段基本国情,保持战略定力,以发展的眼光来解决和应对我们面临的重大挑战,做到准确识变、科学应变、主动求变,善于在危机中育先机、于变局中开新局。

为此,党的十九届四中全会通过的《中共中央关于坚持和完善中国特色社会主义制度 推进国家治理体系和治理能力现代化若干重大问题的决定》,首次提出建设高标准市场体系的目标,并将其作为坚持和完善社会主义基本经济制度、加快完善社会主义市场经济体制的一项重要内容。党的十九届五中全会从构建新发展格局、加快建设现代化国家的战略高度,进一步提出建设高标准市场体系的战略部署,充分展现了我们党根据新时代社会主要矛盾变化，建设社会主义现代化国家、实现共同富裕的新要求，勇于创新的精神和坚定不移推进改革开放的决心信心。建设高标准市场体系，是习近平新时代中国特色社会主义思想的全面贯彻实践，是中国特色社会主义理论体系的又一重要创新成果。

三是全局的高度。市场体系是市场经济运行的基础，市场体系的发达程度是现代化国家和高水平市场经济体制的重要标志。因此，建设高标准市场体系，不仅是具体的商品和服务、要素等市场领域的改革发展，而且是事关中华民族伟大复兴战略全局、事关改革开放全局的重大战略部署和改革任务。要从建设高水平现代市场经济体制的高度加以审视，要与党中央最新精神，与我国经济高质量发展要求以及新时代各项国家发展战略相结合，实现统筹推进。特别是对于我们各级领导干部而言，更应该在建设中国特色社会主义伟大事业的宏伟画卷中，思考和明确建设高标准市场体系的意义与作用，把握好建设高标准市场体系与构建新发展格局、构建高水平社会主义市场经济体制的相互联系和逻辑关系，处理好短期与长远、局部与全局的关系，更多着眼于体制机制的改革与创新。

四是全球化的视野。当今世界正经历百年未有之大变局，全球政治经济格局深刻变化、新一轮科技革命持续演进，正在推动全球治理体系加快调整和变革，对我国经济体制、市场治理体系的进一步改革提出了新要求。建设高标准市场体系不能脱离全球化发展的大趋势大背景，要从容把握应对百年未有之大变局，既要对标发达市场经济国家的先进制度规则，找到差距，借鉴经验，不断促进我国市场体系相关制度的改革和完善；也要积极顺应全球技术、产业、市场深刻调整和变革趋势，加快体制机制创新，充分发挥有效市场和有为政府结合的作用，巩固社会主义市场经济的制度优势；还要积极参与全球治理体系改革和建设，努力探索以改革开放促进新发展格局形成的有效路径。

二、建设高标准市场体系对构建新发展格局的重大意义

高标准市场体系是高水平社会主义市场经济体制的重要组成和实现保障，对新发展阶段我国开启全面建设社会主义现代化国家新征程意义重大，对构建新发展格局发挥基础性、关键性和全局性支撑作用。

第一，需求潜力释放靠市场。加快构建新发展格局，是党中央与时俱进提升我国经济发展水平和塑造国际经济合作竞争新优势而作出的战略抉择。构建新发展格局必须利用好大国经济纵深广阔的优势，通过商品和服务市场发展，把我国巨大的需求潜力转化为实际需求，为我国经济发展增添动力。建设高标准市场体系，可以发挥大国经济的市场规模效应与要素集聚效应，有利于激发市场主体活力和创造力，为构建新发展格局注入强大市场动能。

第二，资源配置和要素流动靠市场。构建新发展格局必须着

力破除妨碍生产要素市场化配置和商品服务流通的体制机制障碍，畅通市场循环。建设高标准市场体系，坚持平等保护各类所有制经济产权，健全产权执法司法保护制度，强化竞争政策基础性地位，有利于形成市场主体公平竞争的市场环境，实现企业优胜劣汰，使要素资源向先进生产力和优势主体集聚，为构建新发展格局提供基础支撑。

第三，"四环节"贯通和供需对接靠市场。构建新发展格局必须充分发挥市场机制作用，疏通政策堵点，促进国内供需有效对接。建设高标准市场体系，特别是健全市场基础制度，坚持平等准入、公正监管、开放有序、诚信守法，有利于打通流通大动脉，实现"惊险一跃"，贯通生产、分配、流通、消费各环节，推进市场提质增效，为构建新发展格局提供重要链接。

第四，"两个循环"的相互促进靠市场。构建新发展格局必须增强国内大循环的主体作用，并以强大国内市场和供给能力为支撑，带动国内国际双循环。建设高标准市场体系，完善适应和促进双循环的体制机制及政策体系，有利于更好利用两种资源和两个市场，提高经济质量效益和核心竞争力，为构建新发展格局提供制度保障。

三、新发展格局下建设高标准市场体系面临的主要问题和存在的主要差距

经过多年探索和努力，特别是党的十八大以来，我国社会主

义市场经济体制改革和现代市场体系建设取得显著成就，制度建设取得明显进展，但与高标准市场体系的要求相比，与加快构建新发展格局的要求相比，我国市场体系建设仍存在不小差距，面临艰巨任务。

（一）市场基础制度有待进一步完善

市场体系能否实现高效运转，取决于是否具备现代化的产权保护、法治等基础制度。作为全球最大的发展中国家和经济体制转轨国家，我国现代市场体系的构建，是随着广大人民群众生活水平不断提升，改革开放不断推向深入，以及国情国力、发展阶段和内外部环境不断演化，建立、完善、优化和提升相统一的历史过程。建设高标准市场体系，不能一蹴而就，不同领域也难以实现齐头并进。当前在市场基础制度建设上，仍面临十分艰巨的任务。

从产权制度来看，目前我国对于各类产权的保护制度是建立起来了，法律法规也在不断健全完善。2018年修正后的宪法第十二条规定"社会主义的公共财产神圣不可侵犯"，第十三条规定"公民的合法的私有财产不受侵犯"。2021年1月1日起施行的民法典有很大进步，第二百零七条规定"国家、集体、私人的物权和其他权利人的物权受法律平等保护，任何组织或者个人不得侵犯"。但是，司法执法标准不一、执行不到位等情况仍时有发生；在依法平等保护各类所有制经济产权、不同类型产权领域等方面仍有薄弱环节，历史形成的涉产权冤错案件、执法不规范造成的侵害产权依然有待清理；知识产权侵权违法成本低、企业维权成本高等问题仍然突出。

这里，我想围绕产权保护问题多说几句。产权是自然人或法人对财产及其他能够为占有人带来排他性利益的权利，通过明确人对物及利益的所有权及由其派生的归属权、占有权、支配权和使用权，来规范人与人之间经济权利关系。显然，明确的产权是交易的前提，是经营的基础，是发展的动力。没有明确的产权，交易就不会产生，经济活动就不可能持续。没有完善的产权保护制度，也就没有持续的创新发展动力。完善的产权保护制度，是一切市场经济活动的基础保障，自然也是社会主义市场经济的基础保障和高标准市场体系的根本前提。

党的十五大把"公有制为主体、多种所有制经济共同发展"确立为我国的基本经济制度，明确提出"非公有制经济是我国社会主义市场经济的重要组成部分"。党的十八届三中全会提出，公有制经济财产权不可侵犯，非公有制经济财产权同样不可侵犯。党的十八大以来，习近平总书记多次重申坚持基本经济制度，坚持"毫不动摇地巩固和发展公有制经济"和"毫不动摇地鼓励、支持和引导非公有制经济发展"。这充分说明党中央对产权保护制度的高度重视，也为我们持续完善市场基础制度提供了坚实保障。

除产权保护制度外，在平等准入等基础制度方面，仍有一些问题亟待破除。例如，市场主体投资还面临不少的显性和隐性的准入障碍，"玻璃门""弹簧门""旋转门"现象突出；市场准入负面清单有待进一步缩减；市场主体依然面临准入不准营的困扰等。

（二）要素资源配置效率依然不高

要素资源配置能力的有效发挥，是现代市场体系建设的核心。要素自由流动的实质，是要素的市场化配置，就是在市场需求引导下，有效地配置于边际效率较高的产业和行业、地区和区域。随着经济社会的发展，生产要素的种类也是不断拓展的，从初始的劳动、土地、资本等传统要素，拓展到知识、技术、管理、数据等新要素。无论是传统生产要素，还是新生产要素，它们的自由流动是优化配置的条件或前提，只有通过生产要素的自由流动，才能形成边际报酬大致相等的均衡状态。

目前来看，生产能多能少、人员能进能出、企业能生能死的"六能"仍然没有完全做到，突出的问题是退出机制不健全，数据市场建设滞后。

退出机制不健全的典型事例是僵尸企业。僵尸企业难以退出，会影响要素资源的配置效率，不仅降低市场主体活跃度，弱化市场的自我修复和自我调节能力，也会占用创新资源，误导市场预期，降低创新要素的流动性，还会造成债务持续累计，恶化债务结构，影响金融市场稳定。

再就是数据市场建设滞后。在经济发展的不同阶段，不同要素的地位和作用是不一样的。进入新发展阶段，在构建新发展格局中，新生产要素特别是数据要素无疑将发挥非常重要的功能和作用。数据实质上是人类认识世界和把握世界的一种能力，数据要素的地位正快速提升，它的互联互通、共享利用正深刻改变着人类社会的生产方式、生活方式和工作方式。但从目前的情况看，数据市场的发育明显不能适应我国创新发展的要求，特别是在数据产权、交易、流动和跨境传输等方面，要加快改革开放步伐。

（三）公平竞争政策和反垄断亟待加强

竞争必须公平有序，市场自身并不能保证竞争总是公平、总是合理的，这就需要以公平公正为目的的政府市场监管。

当前，我国过度竞争、不正当竞争以及不竞争——也就是垄断，是同时存在的。目前人们最关注的是不同所有制经济间的公平竞争，但另外一种不利于公平竞争的情形需要高度重视，这就是垄断。在我国，垄断分为自然性垄断、行政性垄断和市场性垄断。

自然性垄断领域存在的问题，主要是自然性垄断业务和竞争性业务捆绑情况仍然普遍。资源、能源等领域的垄断格局尚未完全打破，国资国企改革步伐有待进一步加快。

为防止行政性垄断，国家实施了公平竞争审查制度。目前，公平竞争审查制度已实现国家、省、市、县四级政府全覆盖。截至 2019 年底，全国共审查了新出台的文件 68 万份，对其中的 2600 多份文件进行了修改和完善；对 82 万份已出台的文件进行了清理，废止或修订涉及地方保护、指定交易、市场壁垒的文件有2万多份。但总体上看，公平竞争审查还不够全面，采取以自我审查为主、外部监督为辅的模式，对政策制定部门主动审查的约束力不强，评估过程利益相关方参与不足，都造成审查质量有待提高。再有，一些地方仍存在对外来企业、商品和服务设置歧视性市场准入限制、市场壁垒和补贴政策的情况，在招投标、采购、项目审批等方面向本地注册企业倾斜，限定购买本地经营者提供的商品和服务，制定产业政策给予特定企业不公平优惠等一系列行政权力滥用行为，严重干扰了市场公平竞争和全国统一大市场的完善。

市场性垄断问题也要更加关注。这种垄断形态大都是一些互联网巨头。由于我国市场巨大、人口众多，一些较早进入某一市场的互联网企业，凭借技术优势，往往会迅速成长，并在不太长的时间控制了同一市场较大份额，赢者通吃，成为"巨无霸"。市场垄断地位形成后，往往会限制竞争，甚至会不断收购兼并小的竞争对手。在与消费者的关系中，垄断企业也处于强势地位，如强行制定霸王条款，服务价格偏高，创新动力减弱等。目前，平台企业垄断认定、数据收集使用管理等方面的法律规范不健全，监管依据不足。一些平台企业存在滥用市场支配地位、达成垄断协议等行为，严重影响了市场竞争秩序，并可能对消费者权益或公共利益造成损害。

与建设高标准市场体系、构建新发展格局的要求相比，我国反垄断与反不正当竞争执法体制机制仍有待进一步完善。执法标准不统一、执法行为不协调、中央和地方竞争执法授权机制不健全等问题不同程度的存在，反垄断监管链条有待理顺，地方反垄断执法力量相对薄弱，执法专业性和透明度不够，各地执法标准和力度存在差异，影响竞争政策的实施效果，反不正当竞争执法权较为分散，导致权责交叉、多头执法。

（四）市场环境仍有不少薄弱环节

近年来，以市场化、法治化、国际化为方向，我国营商环境得到明显改善。根据世界银行发布的《2020营商环境报告》，我国营商环境在全球190个经济体中排名第31位，呈持续较快跃升态势。但也要看到，我国营商环境仍有较大提升空间。一些地方涉及多部门、多环节的审批事项权限下放不配套、不同步，部分审批权限下放基层难以承接；投资领域项目审批虽经压缩，但各种审批要件、程序和环节仍然不少；一些地方法治意识、规则意识、契约意识仍有待提高，个别地方对民营企业已承诺的土地、税收、用电、用水、用气、用热等优惠政策落实不到位，还有部分企业和商会反映有些地方"新官不理旧账"。

同时，消费者保护制度仍不完备。2019年，全国消协组织受理的消费者投诉82.1万件，比"十二五"末（2015年）增长28.5%，其中，服务投诉量达到41.5万件，连续3年超过商品投诉量，比2015年增长1.2倍。相比于发达国家，我国消费者保护制度存在明显短板：一是缺乏消费者保护政策制定和实施的政府部门；二是消费者保护的法律法规不健全，金融、医疗等服务领域专业化的消费者保护成为突出问题；三是消费纠纷中消费者处于弱势地位，目前消费诉讼主要由消费者个人提起，没有适用于消费者群体诉讼的程序，消费者协会不具有诉讼主体地位。

再有，市场相关基础设施建设存在短板。以近年来我国发展较快的动产融资市场为例，动产担保物权信息登记体系较为分散，缺乏互联互通。除了中国人民银行征信中心应收账款融资登记公示系统建立了全国统一的互联网登记平台外，其他部门的担保物权信息登记仍采取属地化的现场纸质登记方式，不仅登记成本高、效率低，而且产生信息查询困难、公示作用无法有效发挥等问题，极易造成"一物多抵、一物多贷"的融资风险，影响了动产融资市场的健康发展。此外，一些领域基础设施的智能化、网络化以及配套连接、利用效率方面的改进空间还很大。

（五）市场开放水平仍有很大提升潜力

近年来，我国对外开放步伐不断加快，开放水平明显提高。目前，我国已先后公布七版自贸试验区负面清单，涉及的特别管理措施由 2013 年版的 190 条大幅减少到 2020 年版的 30 条，开放的大门越开越大，充分彰显了我国扩大高水平开放的决心。在自贸试验区实践基础上，2018 年开始在全国全面推行了外资准入负面清单管理模式，相继公布了三版负面清单，将自贸试验区探索的较为成熟、风险可控的开放措施予以推广，促进了开放力度的提高。由此，我国也连续多年成为各国企业最为青睐的投资目的地之一。

相比于制造业，我国服务业对外开放的领域有待拓展，开放水平有待提高。以 OECD 编制的服务贸易限制指数（简称 STRI 指数）来看，2019 年我国除了工程咨询、建筑设计行业开放度略好外，其他服务行业的开放度与 OECD 平均水平相比都存在一定差距，与标杆国家相比，服务业开放度的差距进一步拉大。

扩大国内市场高水平开放亟须加快从商品和要素流动型开放向规则等制度型开放转变。从国际上看，推动服务业开放及相关制度的改革，主要是通过法律法规"立改废"实现的。对比来看，我国现阶段推动服务业开放，更多还是依靠政策推动，运用法律法规手段明显不足，这也是多年来我国不少服务行业 STRI 指数居高不下、国际上认为我国服务业开放度不高的重要原因。另外，尽管在扩大开放中要先进行局部试点探索，但经实践证明行之有效、市场主体支持的成熟做法，还需及时上升到法律法规层面，变成约束力强的制度规范。

此外，国内很多领域的规则、规制、管理、标准等方面无法与国际对接，也存在明显差距。一些服务行业的强制性标准、技术规则不完全符合国际通行的原则和要求，一些标准要求内容存在重复，相互间缺乏协调，国内外的标准互认仍有待加强。

（六）市场监管效能依然不高

社会信用体系发展相对滞后。在信用信息标准建设上，目前国家尚未制定统一的信用信息采集、归集和分类管理标准，由各地区、各部门先行建设信用平台和出台相关标准，导致各地区、各行业的信用信息采集和信用平台建设标准各不相同，给地区间、行业间信用信息共享，以及国家信用平台归集地方信用信息带来困难。在信用平台建设上，信息的采集、整合、共享等方面存在行业分割、区域分割，信用信息结果的应用力度有待加强。守信联合激励和失信联合惩戒机制有待健全，信用信息主体权益保护机制存在缺失，信用服务市场不发达导致市场主体需求无法得到满足。

市场治理体系亟待完善。目前来看，与高标准市场体系建设相适应的法律法规体系、标准体系、监管体系及诚信体系建设有待加快。一些法律法规或不适应新业态新模式发展需要，或在执行中存在配套法规不完善、与其他法律缺乏协调性等问题，导致其没能发挥应有效果。部分行业市场自主制定、快速反映需求的标准有效供给不足，还有的行业标准没有适应发展需要及时修订，标准实施者参与意愿不强。

监管体制机制和监管方式有待创新。部分领域检查频次过高，多头执法、重复执法现象仍然存在。同时，对于新业态、新模式的有效监管仍在探索过程中，监管能力、手段和经验不足，监管体制机制改革还需深化，难以适应市场融合跨界创新发展的要求，特别是利用新兴技术加强事中事后监管、推进社会共治等方面缺乏有效的政策手段。

四、新发展格局下建设高标准市场体系的思路和重点

建设高标准市场体系的总体思路是：以习近平新时代中国特色社会主义思想为指导，全面贯彻落实党的十九大和十九届二中、三中、四中、五中全会精神，坚定不移贯彻新发展理念，坚持稳中求进工作总基调，以推动高质量发展为主题，以深化供给侧结构性改革为主线，以改革创新为根本动力，以满足人民日益增长的美好生活需要为根本目的，充分发挥市场在资源配置中的决定性作用和更好发挥政府作用，牢牢把握扩大内需这个战略基点，坚持平等准入、公正监管、开放有序、诚信守法，畅通市场循环，疏通政策堵点，打通流通大动脉，推进市场提质增效，通过5年左右的努力，基本建成统一开放、竞争有序、制度完备、治理完善的高标准市场体系，为推动经济高质量发展、加快构建新发展格局、推进国家治理体系和治理能力现代化打下坚实基础。

（一）夯实市场基础制度

高标准的市场基础制度是市场体系有效运行的根本和基础。要以全面完善产权保护制度为重点，夯实各项市场基础制度。

全面完善产权保护制度。健全产权执法司法保护制度，健全归属清晰、权责明确、保护严格、流转顺畅的现代产权制度，加强产权激励。严格执行《民法典》，正确处理物权关系，把人民的物权实现好、维护好、发展好。

依法平等保护民营经济产权。公有制为主体、多种所有制经济共同发展是我国的基本经济制度，国家依法保护私人合法产权和民营经济产权。要着力在平等保护上下功夫，在产权确立、产权实现上都要一视同仁，在要素获取、准入许可、经营运行、市场监管等方面都要同等对待，使民营经济财产权利实现的各个方面都得到真正保护和切实激励。

强化知识产权保护。完善和细化知识产权的创造、运用、交易和保护规则。知识已成为重要的生产要素，是创新的不竭动力和源泉。知识产权制度完善和细化的方向，要有利于创新成果的创造，有利于科研成果的转化，通过知识产权权属认定、产权成果交易转化和侵权行为的严格惩处等，鼓励创造，支持创新，推动建设创新型国家，推动经济高质量发展。

健全农村集体产权制度。农村集体产权制度改革的关键，是使集体经济组织每个成员的所有权能够实现，不被虚化。要将经营性资产折股量化到集体经济组织成员，创新农村集体经济有效组织形式和运行机制，要认真地推动并在总结经验的基础上不断完善和深化。

健全自然资源资产产权制度。相对属于动产的国有资产产权制度，自然资源资产产权制度是个新事物，在产权明晰、产权保护和产权利用上仍有不少薄弱环节，亟待推进自然资源资产的立法和司法、监督和监测等工作。

全面实施市场准入负面清单制度。全面落实"全国一张清单"管理模式，严禁各地区各部门自行发布具有市场准入性质的负面清单。健全市场准入负面清单动态调整机制，建立覆盖省、市、县三级的市场准入隐性壁垒台账，畅通市场主体对隐性壁垒的意见反馈渠道和处理回应机制。制定市场准入效能评估标准并开展综合评估。开展放宽市场准入试点，制定出台海南自贸港、深圳建设中国特色社会主义先行示范区、横琴粤澳深度合作区放宽市场准入特别措施。推进企业注销便利化，实施对未开业以及无债权债务非上市企业、个体工商户实行简易注销程序，完善企业注销网上服务平台，优化注销办理流程。建立企业破产案件简化审理模式，对资产数额不大、经营地域不广的企业实行简易破产程序，开展个人破产制度改革试点。

（二）促进要素资源高效配置

深化要素市场化配置体制机制改革是建设高标准市场体系的重点和难点。要以要素市场化改革为重点，促进要素资源高效配置。

推动经营性土地要素市场化配置。完善土地市场的重点，要放在统一的建设用地和工业用地市场上。健全工业用地多主体多方式供地制度，方向就是所有取得建设或工业用地使用权的主体，都可以在符合国土空间规划的前提下，平等进入土地市场，通过公平竞价实现土地使用权转让。加强对土地利用计划的管理和跟踪评估，加快建设城乡统一的建设用地市场，建立同权同价、流转顺畅、收益共享的农村集体经营性建设用地入市制度。

完善建设用地市场体系，开展土地指标跨区域交易试点。

促进劳动力要素有序流动。推动户籍准入年限同城化累计互认工作，提升人力资源服务质量。劳动力市场建设要继续在人口地域间自由迁移和破除人才的单位垄断上下功夫。劳动力要成为现实的生产要素必须与其他生产要素结合，变为就业状态。要深化户籍制度改革，放开放宽除个别超大城市外的城市落户限制，逐步实现户口通迁、居住证互认制度。由于人才的有限性和人才培养需要成本，某种程度上存在人才的单位所有制。促进人才的社会化流动，要进一步推动公务员制度和事业单位的改革，探索建立人才流入单位对流出单位的补偿机制。同时，进一步推动住房、社保等制度的社会化改革，剥离用人单位承担的相关职能，减少人员流动的各种障碍。

促进资本市场健康发展。抓住资本市场基础制度建设这个"牛鼻子"，稳步推进股票发行注册制改革，建立常态化退市机制，培育资本市场机构投资者，降低实体经济融资成本。提高上市公司质量，切实保护投资者合法权益，不断提高直接融资比重。要稳住国民总储蓄水平，创造更多利用居民储蓄的投资工具，便利储蓄向投资的转化，在新发展格局下不断提高资金循环和流动效率。

发展知识、技术和数据要素市场。完善要素交易规则和服务体系，创新促进科技成果转化机制，健全职务科技成果产权制度，加快培育发展数据要素市场，设立知识产权和科技成果产权交易机构。加快建立统一开放的数据市场，准确界定数据要素的产权。当前，数据要素尤其是大数据，无论是身份信息、交易信息还是行为信息，大都掌握在互联网平台企业和政府部门手中。对这些数据特别是关于人的身份、行为信息而言，数据产权既不完全归搜集人和占用人所有，实际上也不完全归公民个人所有，带有公有产权性质，公民更多的是看重身份和行为信息的隐私权，所以数据产权的明晰要在隐私保护和数据利用间求得平衡。进一步促进数据要素的开放与共享，制定和实施数据公开法，除涉及个人隐私、国家安全和商业秘密外，所有信息都要依法公开，并以电子文档的形式对外开放，方便社会获取和利用。

（三）强化公平竞争和反垄断

公平竞争是市场经济中最基本的特征，也是形成价格、引导资源要素合理配置的前提。要以反垄断和反不正当竞争为重点，完善公平竞争环境。

加强和改进反垄断与反不正当竞争执法。加强对自然垄断的监管。自然垄断公司如经营有关联的竞争性业务，应将竞争性业务剥离，成立独立的公司，并与竞争性环节中的其他公司开展公平竞争。对于行政性垄断，如果不是因自然原因形成的，改革的方向应当是政企分开，剥离市场主体的行政权力。同时，基于竞争的需要对全国性的公司进行必要的分拆。对于市场性垄断企业，特别是参与国际竞争的企业，一方面要从全球市场来定义它的市场份额，确定它是否属于垄断企业；另一方面要分析它是否采取了垄断行为。也有占据垄断地位的企业，本身行为没有垄断性质的案例，这就需要国家相关部门加强行为监管。至于那些既形成了垄断地位，又有着垄断行为的企业，就需要依法分拆，既可以按内部细分行业分拆为专业化的独立公司，也可混合分拆，如分拆为独立的区域公司。要推动完善平台企业垄断认定、数据收集使用管理、消费者权益保护等方面的法律规范。加强平台经济、共享经济等新业态领域反垄断和反不正当竞争规制。

促进公平竞争。要坚持公有制为主体、多种所有制经济共同发展，支持各种所有制主体依法平等使用资源要素，公开公平公正参与竞争，同等受到法律保护，尤其是坚决取消对非公有制经济的诸多隐性限制和不公待遇，坚决纠正各类侵害民营企业合法权益的行为。同时，民营企业和企业家也要依法合规经营，依法照章纳税，不断提高商品和服务的质量，做中国特色社会主义的积极参与者和社会主义市场经济条件下公平有序竞争秩序的维护者。

破除区域分割和地方保护。完善市场竞争状况评估制度。鼓励各地区构建跨区域的统一市场准入服务系统，统一身份实名认证互认、统一名称自主申报行业字词库、统一企业经营范围库，实现跨区域注册登记无差别标准。除法律法规明确规定外，不得要求企业必须在某地登记注册，不得为企业跨区域迁移设置障碍。

增强公平竞争审查制度刚性约束。完善竞争政策框架，强化竞争政策基础地位。探索建立公平竞争审查举报处理和回应机制，及时核查举报涉及的问题。健全公平竞争审查机制，进一步明确和细化纳入审查范围的政策措施类别。建立公平竞争审查例外规定动态调整和重大事项实时调整机制。

（四）优化提升市场环境

提升市场环境和质量是建设高标准市场体系的重要任务。要以市场化法治化国际化营商环境为重点，改善提升市场环境。

进一步完善营商环境。全面落实《优化营商环境条例》，推进政务服务标准化，压缩自由裁量权，提高服务效率。进一步完善当场办结、一次办结、限时办结等制度，加快推进政务服务事项在全国范围的"一网通办"。依托一体化在线平台，推动政务信息系统整合，优化政务流程，促进政务服务跨地区、跨部门、跨层级数据共享和业务协同。

加强消费者权益保护。推进消费维权制度建设，制定消费者权益保护法实施条例。健全消费者公益诉讼制度，探索建立消费者集体诉讼制度，支持消费者协会行使公益性诉讼权利。简化消费争议处理程序，完善小额消费纠纷司法程序，完善消费纠纷在线解决机制，畅通投诉举报渠道，探索建立维权处理结果消费者反馈评价机制。

完善市场基础设施。推动市场基础设施互联互通，持续完善综合立体交通网络，畅通区域和城乡间流通网络。加强新一代信息技术在铁路、公路、水运、民航、邮政等领域的应用，提升综合运行效能。加大新型基础设施投资力度。引导平台企业健康发展，支持平台企业创新发展，增强国际竞争力。畅通市场数据信息流，整合线上线下支付交易数据，推动实现跨部门共享。依法规范发展平台经济，强化对平台企业监管。培育发展能源商品交易平台。通过股份制改造、兼并重组等多种方式，在油气、电力、煤炭等领域积极培育形成运营规范、具有较大影响力的交易平台。

（五）推进规则等制度型开放

推进高水平开放是建设高标准市场体系的内在要求。要以规则等制度型开放为重点，扩大高水平市场开放。

有序扩大服务业市场开放。支持社会资本依法进入银行、证券、资产管理、债券市场等金融服务业。以医疗、教育、体育、托幼、环保、市政等领域为重点，减少市场准入限制，取消对营利性医疗、教育等机构在证照办理、设备购置等方面的不合理限制。完善外资准入前国民待遇加负面清单管理制度，进一步缩减外商投资准入负面清单，破除各种市场准入隐性壁垒，支持外资加大创新投入力度，营造内外资企业一视同仁、公平竞争的公正市场环境。完善引导境外消费回流政策。

推动规则等制度型开放。着力加强与国际先进规则的对标，更多运用法治化方式推动国内市场开放。将各地特别是多样化开放平台实践探索的成熟经验，及时上升到法律法规层面予以固化和强化。深化竞争规则领域开放合作，积极推进多双边自贸协定竞争政策等议题谈判，促进内外贸法律法规、监管体制、经营资质、质量标准、检验检疫、认证认可等相衔接。推动消费品国内外标准接轨，加大国际标准采用力度，实施内外销产品同线同标同质工程，在消费品领域积极推行高端品质认证。

（六）进一步提升监管能力现代化水平

提升监管水平是建设高标准市场体系的重要前提。要以促进监管能力现代化为重点，提高市场监管效能。

加强综合协同监管。全面推行"双随机、一公开"监管，建立健全行业监管部门与综合监管部门协调配合机制，加强政府部门间涉企信息统一归集共享，完善"互联网+监管"。健全对新业态的包容审慎监管制度，分类实行相应的监管规则和标准，加强和规范事中事后监管。加强重点商品市场价格监管，建立价格监测与价格监管联动机制，建立健全价格监管规则。强化要素市场交易监管，健全要素市场化交易平台，规范各类交易平台规则，完善要素交易信息披露制度。

健全依法诚信的自律机制和监管机制。完善市场主体信用承诺、信用修复和异议处理机制，大力推进信用分级分类监管，在税收管理、进出口、生态环保、医疗保障、医药招标采购等更多重点领域，深入实施信用分级分类监管，根据监管对象信用状况采取差异化监管措施。

健全社会监督机制。发挥行业协会商会作用，推动行业协会商会建立健全行业经营自律规范、自律公约，规范会员行为，鼓励行业协会商会制定发布产品和服务标准。发挥市场专业化服务组织的监督作用,加快培育第三方服务机构和市场中介组织,提升市场专业化服务能力。发挥公众和舆论监督作用,建立健全消费者投诉信息公示制度。

加强对监管机构的监督,健全对监管机构履行职责的监督机制,促进监管权力规范透明运行。

维护市场安全和稳定。完善维护市场安全的体制机制,高度重视市场运行的风险挑战和市场体系安全问题,强化对重点市场和市场基础设施的跨部门协同监管,完善安全审查机制,重视运用国际通行规则维护国家安全。积极防范市场异常波动和外部冲击风险,加强对大宗商品、资本、技术、数据等重点市场交易的监测预测预警,健全金融风险预防、预警、处置、问责制度体系,提高通过大数据等方式认定竞争违法行为、预警识别市场运行风险的能力。

（七）注重推进方式创新,确保改革落到实处

习近平总书记指出,一分部署,九分落实。建设高标准市场体系是事关高水平社会主义市场经济体制的重大改革工作,也是涉及面广的系统工程,改革过程中也会触及方方面面的利益调整、职责变化,既需要循序渐进、不断探索创新,更需要各级领导干部敢于碰硬,担当作为。多年来,我们在改革推进方式上,有些行之有效的做法,还是要继续坚持,并有所创新。

坚持改革试点。充分调动地方改革创新的积极性和创造性,

将高标准市场体系建设中的重点难点问题，优先放在发展基础好、制度创新能力强、示范带动作用大的地区先行先试和探索经验，将试点的成熟经验向全国复制推广。

坚持以开放促改革。通过开放引入外部动力，加快重点领域和关键环节的改革步伐，更重要的是通过制度型开放探索与国际市场规则、规范、管理模式的对接相融，减少改革成本，推动改革攻坚。

创新以评促改。吸收借鉴国内外经验，探索用评估评价的办法，发挥评价体系的"指挥棒"和导向作用，明确推进相关体制机制改革的方向和重点，不断跟踪改革进展和发现推进堵点，使相关改革措施落实见成效。

（本文发表于《管理世界》2021 年第 5 期）

坚定不移地把提高
供给体系质量作为主攻方向

党的十九大报告指出，我国经济已由高速增长阶段转向高质量发展阶段。并强调，"必须坚持质量第一、效益优先，以供给侧结构性改革为主线，推动经济发展质量变革、效率变革、动力变革"。推动我国经济高质量发展是顺利实现第一个百年目标并为实现第二个百年目标夯实基础的关键，必须用高质量发展理念统领经济工作，坚定不移地把提高供给体系质量作为主攻方向。

一、什么是高质量发展

高质量发展是产品和服务高品质的发展。在社会主义市场经济中，所有经济主体几乎都是为了交换而生产，生产的产品和服务都是为了满足广大消费者和其他生产者的物质文化生活需要。所以高质量发展第一位的要求是产品和服务要不断提高质量、改进品质。历史和现实都告诉我们，大到一个经济体，小到一家商号，凡经济发展的强者，百年不倒的名店，无一不是把产品和服务的品质视为生命，关注质量、关心品质、创造品牌、打造名牌，在提供优质产品和服务的同时，亦创造和收获品质的价值。所以要推动经济高质量发展，就必须全方位实施质量强国战略，细化质量标准，严打假冒伪劣，弘扬工匠精神，严格质量管理，鼓励产品创新，强化优胜劣汰。

高质量发展是供给与需求高匹配的发展。在现代市场经济条件下，所有的供给都是为了满足需求，产品和服务质量的高低皆由消费者说了算，皆由市场决定。现实生活中，不仅需求海量多样，而且繁杂多变。供给今天能满足需求，不意味着明天亦能满足需求；明天能满足需求，不意味着可以永远满足需求；这部分供给能满足需求，不意味着那一部分也能满足需求。高质量的发展，不仅要求供给结构与需求结构相匹配，还要求供给结构能保持弹性，在尽可能短的时间反应、适应、跟上需求结构的变化，在动态中不断满足日益增长的、不断变化的、丰富多样的需求，更要求在技术不断创新的基础上，靠新供给不断创造着新需求，在供给与需求的不断满足、互相创造中实现着供需动态匹配，推动着经济高质量的发展。

高质量发展是资源和要素高效率利用的发展。创造高质量的产品和服务，创造出满足需求的供给，需要多种资源的耗费和生产要素的投入。现代市场经济不仅讲究质量，也要讲究成本。企业要在激烈的市场竞争中站住脚，产品和服务不仅物美还要价廉；供给体系满足相应的需求，还要较少的资源消耗和要素投入，这就是市场经济的效率观。我国推动经济的高质量发展极为关键的就是提高经济运行的质量，提高资源配置的效率，提高劳动力、资金、土地等生产要素的生产率。一句话，既要讲究有品质的产品，也要讲究更少的投入。这就意味着要进一步推动清洁生产，发展循环经济，更要进一步消除资源有效配置的体制机制障碍，提高资源配置效率和全要素生产率。

高质量发展是严格防范系统性风险的发展。现代市场经济是一个复杂系统，面临的环境异常复杂，不确定性是一个永恒话题。经济系统的运行也时常出现部件之间这样那样的摩擦和控制系统某种程度的失灵，这是常态，也是现实。对于任何现代经济体系而言，杜绝所有风险的发生是一种理想状态，现实中很难做到。应该做到的，一是防范小风险累积成大风险，有时小风险的释放还有利于防范大风险，就像物理器具中减压阀的作用；二是防止发生系统性风险，否则会严重扰乱经济的正常运行，损害经济运行的质量，侵害人民群众的利益。所以，贯彻新发展理念，推动经济高质量发展，必须建立健全风险识别、监测、防控和处置的体制机制。

二、高质量发展的动力是什么

高质量发展的根本动力，一是科技创新，为此需要全面实施党中央确立的创新驱动发展战略，为高质量发展提供创新动力；二是体制改革，为此需要全面深化供给侧结构性改革，不断激发市场主体的活力和创造性。

科技创新是人类社会变革和进步的根本动力。人类从石器时代进入青铜器、铁器时代再到蒸汽动力、电力时代直至进入后工业化社会，归根结底是基于科学理论的科技创新。正是人类史上三次伟大的科技革命，人类社会才进入以计算机、互联网、人工智能、数字经济为代表的现代信息社会。

三、科技创新推动高质量发展有着两条基本路径

第一条路径是科技创新创造着新的具有更高更好品质的产品和服务。新的技术创新和新技术的应用总是不断地创造着新的材料、新的动力、新的工艺和新的产品。比如，仅通信领域的技术创新，迄今就创造了一代又一代的通信产品，其间又有很多老产品被淘汰，从BP机到"大哥大"，从普通手机到智能手机。彩色胶卷、普通照相机、各种磁带录音机、MP4播放器，也已经或大都被智能手机送进历史"垃圾堆"。电商冲击着商场，微信替代着短信，"宝宝们"影响着银行。"马力"替代人力，电力替代"马力"，化石能源让位于可再生能源。从石料、木料到钢铁、水泥，再到纳米、柔性、电磁等新型材料，无一不是科技创新的产物，无一不是科技变革的结晶。新的产品集合成为新的产业，新的服务聚集形成新的业态。新的产业和业态的出现推动着

产业的转型升级，促进着产业结构优化进步。

第二条路径是提高要素生产率，优化资源配置效率。劳动生产率的提高来源于生产过程中动力的升级和机器、机器人及加工中心的使用；土地生产率的提高来源于良种的培育、土壤的改良、灌溉的普及、施肥的精准。资源的配置，在经济学意义上主要讲生产资源在部门间、地区间、企业间的配置，它主要解决生产什么、生产多少、在哪里生产、为谁生产的问题，这既是一个涉及资源配置的导向机制和动力机制问题，也是一个解决信息不确定、不对称的问题。而信息技术的进步与变革，尤其是互联网、大数据、云计算等技术创新正在把海量需求与多元供给联结在一起，不断地减少着经济活动的不确定性，极大地提高着资源配置的效率。

科技创新要变成现实动力，需要一定的组织、机制和制度把科技创新成果产业化、市场化。一句话，高质量发展不仅靠科技创新，也要靠体制创新。

一是进一步改革科技管理体制，切实调动科技人员科技创新的积极性，真正激发科研人员发明创新的创造力。要进一步改革科技成果的评价机制。除基础研究外，评价科研成果水平的主要尺度是应用和转化，是市场的选择和接受。要进一步调动科研人员的积极性，真正明确界定职务发明人对科研成果的产权关系。只有突破产权界定的障碍，科研人员才能名正言顺地获得科研成果的转让收益。要切实落实中央关于加大科技人员科研成果转化奖励力度的意见，避免期权奖励立即征税、现金奖励税负过重等问题。要进一步放开重大科研项目的选择范围，允许民营科研院所、民营企业科研人员申报国家项目，并真正一视同仁。

二是进一步加大企业特别是国有企业改革力度，使企业真正成为有活力的微观主体。企业是产品和服务的提供者，是推动高质量发展的主体。要在千变万化的市场中，保证所生产的产品和服务能满足市场的需求，使供给结构与需求结构相适应。企业必须能够真正做到生产能多能少、员工能进能出、企业能生能死。不这样做，供给系统就不能保持弹性，供给和需求就会失衡，资源配置的效率就会下降。

三是加大市场体系改革和建设的力度，使市场真正对资源配置起决定性作用。推动高质量发展，某种意义上就是把稀缺的资源及时配置到市场需要、消费者欢迎的生产经营活动上去。要达到这样的目的，价格改革要深化，价格要能反映供需，能体现成本，能及时调整，能引导资源的优化；税收体制要改革，税制既要简明，又要体现政府的引导；金融体制要改革，通过金融产品的创新和金融工具的引导，调节资金的分配，优化货币、信贷和资本的配置；土地制度要改革，完善地价形成机制和征地模式，使土地资源的分配、配置更加有效合理；破产清算制度要改革，加大僵尸企业破产力度，降低重组成本，鼓励破产重整；社会保障制度要改革，人员的能进能出、企业的能生能死必将阶段性增加失业，要完善失业救济制度和再就业制度，既允许企业合理用工、减少冗员，又要通过完善社保制度使失业人员得到培训和尽可能再就业。

四、更好发挥政府在推动高质量发展中的作用

推动经济高质量发展是党的十九大提出的战略举措。实现这一历史使命既要充分发挥企业的主体作用，调动亿万经济主体的积极性、创造性，更要切实加强党对高质量发展的领导，更好发挥政府在推动高质量发展中的重要作用。

一是贯彻新发展理念，适应把握引领经济发展新常态，继续推进宏观调控方式创新。运用有效合理的财政、金融手段，实现总供给与总需求的动态平衡，使国民经济继续运行在合理区间，防止经济大起大落，防止出现危及社会主义现代化进程的系统性风险，为高质量发展创造良好的经济环境。

二是以供给侧结构性改革为主线，深入推进简政放权等改革。减少审批、放宽准入，进一步改善营商环境，切实保障各类产权，真正调动起市场主体参与、推动高质量发展的积极性和创造性。

三是更好地发挥政府弥补市场不足的功能，实现政府与市场的更优结合。制定科学的推动高质量发展的规划，出台测度高质量发展的标准体系和统计体系，制定符合实际、企业认同的激励高质量发展的政策，严格查处各种假冒伪劣行为，加强知识产权

保护，让推动高质量发展的企业顺心、放心、安心，让参与高质量发展的市场主体得到保护、受到激励。

（本文发表于《光明日报》2018 年 5 月 29 日）

保障产业链安全
为构建新发展格局提供支撑

一、全面建成小康社会的历史性成就，为保障产业链安全打下了坚实基础

全面建成小康社会是中华民族文明史上前所未有的伟大成就，是实现中华民族伟大复兴中国梦的关键一步，为开启全面建设社会主义现代化国家新征程奠定了坚实基础，为各领域实现更高质量、更有效率、更加公平、更可持续、更为安全的发展提供了坚强支撑，也为保障产业链安全打下了坚实基础。随着全面建成小康社会，我国产业链可以用完备、突破、跃升来概括。

一是完备。我国已形成全球最完整的工业体系和上中下游产业链，是世界上唯一拥有联合国产业分类目录中所有工业门类的国家。我国制造业占全球比重接近美、日、德三国之和。不管是纺织服装为代表的传统制造业，还是光伏、风电为代表的新能源

191

装备产业，抑或钢铁、稀土为代表的原材料工业，我国都已具备了全产业链优势和很强的国际竞争力。完整强大的工业体系，已成为我国产业竞争力的重要来源，也是有效应对重大突发事件的强大武器。面对来势汹汹的新冠肺炎疫情，我国能在短时间内大幅提升医疗物资生产能力、保障自身供应并出口全球，完备的工业体系是重要物质保证。

二是突破。近年来，我国不仅在量子科学、铁基超导、暗物质粒子探测卫星、CIPS 干细胞等基础研究领域取得重大突破，还在高铁、卫星导航、新能源汽车、三代核电、国产大飞机、盾构机等关键领域攻克了一批"硬"技术、"硬"装备。前不久，嫦娥五号探月任务圆满完成，"奋斗者"号创下载人深潜新纪录，毛泽东同志"上九天揽月、下五洋捉鳖"的豪情壮志在新时代的中国真正实现。这些突破，快速补齐了一批重大短板，锻造成型了一批关键长板，降低了我国产业被"卡脖子"的风险，也厚实了重塑国际竞争新优势的基础。

三是跃升。总体上看，我国目前在亚洲区域产业分工网络中的核心地位已牢固确立，并呈现出向全球价值链中高端攀升的良好态势。学术界常用后向垂直专业化指数与前向垂直专业化指数的比值，来衡量一国在全球价值链中的位置。该比值越小，表示一国为他国出口提供的中间品，比该国出口使用的进口中间品多得越多，这就表明该国在全球价值链中的位置也越高。我国的这一比值曾长期大于1，2014 年以来开始小于1并振荡下降，实现了整体迈向价值链中高端的历史性转变。特别是疫情发生以来，电子政务、数字娱乐、在线办公、在线学习、在线医疗等新业态新模式加速发展，我国数字经济领域已在全球呈现并跑甚至领跑之势，有望在数字经济新时代中实现"换道超车"。

二、我国内外部发展条件和环境的深刻复杂变化，决定了必须把保障产业链安全作为重大战略任务常抓不懈

当今世界正经历百年未有之大变局，新冠肺炎疫情全球大流行使这个大变局加速演进。"十四五"及未来一个时期，全球产业链可能出现剧烈的重构，对此我们要有清醒的认识。

从国内发展条件的变化看，近年来我国制造业向外转移有加速的趋势，制造业占 GDP 比重有所下降。对这个问题我们要全面辩证看待，一方面，这是我国主动进行转型升级的成果，也是资源禀赋条件变化后客观经济规律作用的结果。随着劳动力、土地成本的不断上涨以及资源环境约束趋紧，以纺织服装为代表的劳动密集型产业特别是其中的劳动密集型工序、环节向外转移是必然的，强留也留不住。另一方面，我们也要警惕产业过快外迁和高端环节外迁、全产业链外迁，这会导致产业空心化，影响我国产业链完备性。未来保障产业链安全应在注重维持一定规模的基础上，突出强调提高产业链关键核心环节的根植性，把根留下、把魂留住。

从疫情的长期深远影响看，保护主义兴起正在改变全球产业链分工的逻辑和形态，防止更多产业链出现"去中国化"成为

我们必须应对的课题。疫情发生以来，由于防控有力有效并率先全面复工复产，我国出现了订单及产业回流的情况，出口呈现逆势增长，2020 年 11 月份工业产品出口交货值同比增长 9.1%，增速为 2019 年以来最高，但这种情况恐怕难以持续。疫情促使很多国家把医疗器械等关键产业链的本土化视作核心利益，并通过立法、补贴等多种方式推动关键产业链回流，甚至是对汽车、机械装备等公共属性较弱的产业链，一些国家也在鼓励本国企业开展分散化布局，提出所谓的供应链"中国+1""去中国化"战略。从长期看，全球产业链分工逻辑将从成本至上、效率优先转向成本、市场及技术可获得性并重，产业链区域化、周边化、国别化调整的可能性明显上升。

从国际博弈的大局看，政府的更迭并不会从根本上改变某些国家遏制我发展的战略，阻止高技术产品对我出口、定点制裁我高科技企业、动摇我产业链安全根基仍将是某些国家的重要图谋，目前被该国制裁限制的我高科技企业和机构已超过 300 家。加之我国不少重要产业"缺芯""少核""弱基"的状况尚未根本改变，保障产业链安全依然任重道远。

三、深入贯彻落实习近平总书记重要讲话精神和中央经济工作会议精神，不断提高保障产业链安全的能力和水平

习近平总书记指出，"产业链、供应链在关键时刻不能掉链

子，这是大国经济必须具备的重要特征"。要统筹发展与安全，加快构建新发展格局，必须保障产业链安全。为此，我提出几点建议。

一是加快突破关键核心技术。要依托集中力量办大事的制度优势和市场规模巨大、创新资源丰富、配套体系完备的经济优势，坚持政府引导与市场机制相结合，实施好"揭榜挂帅"等制度，推动项目、平台、人才、资金一体化配置和使用，探索出新型举国体制的实现路径，尽快在关键领域打造自主可控、安全可靠的产业链供应链。同时，还要加快培育数据要素市场，健全以创新能力、质量、实效、贡献为导向的科技人才评价体系，促进各类创新要素向企业集聚，持续强化企业的创新主体地位，推动成长起一大批创新型领军企业、"专精特新"隐形冠军企业和科技型中小微企业。

二是为实体经济发展营造更好环境。要健全市场体系基础制度，坚持平等准入、公正监管、开放有序、诚信守法，形成高效规范、公平竞争的国内统一市场。进一步确立竞争政策的基础性地位，健全公平竞争审查机制，强化反垄断和反不正当竞争执法司法，切实打破行政垄断，严肃查处滥用市场支配地位行为。完善金融支持实体经济发展的政策体系，围绕创新链产业链打造资金链，开发与科技创新和产业发展不同阶段需要相适配的金融产品，更快更好促进新技术产业化应用，形成金融、科技、产业的良性循环和三角互动。

三是实施重要产品和供应渠道多元化战略。要利用好美国与其他发达国家在经济技术和贸易结构上的差异、在焦点议题上的立场分歧，持续深化与非美发达国家的经贸往来及全方位合作，特别是重视加强与德国、日本等制造强国的合作，有针对性地扩大国内市场准入，以经济利益的深度绑定促进技术合作，力争重要产品和供应渠道都至少有一个替代来源，形成必要的产业备份系统，同时也为国内关键技术突破创造条件、赢得时间。

　　四是加强国际产业安全合作。要坚持合作共赢的道义制高点，维护产业链、供应链的全球公共产品属性，坚决反对把产业链、供应链政治化、武器化。要进一步发挥我国大市场优势，充分发挥自由贸易区、自由贸易港对外开放新高地作用，全面提高对外开放水平，为高水平外资提供一个更具竞争力的稳定发展环境。在"一带一路"、RCEP 等区域合作框架下，建立多渠道、多层次的产业链安全合作机制，有效开展技术、标准、知识产权、检验检测等方面的国际交流与合作，在合作共赢中提升我国产业链安全水平和竞争力。

（本文发表于《中国发展观察》2021 年第 1 期）

从国际视角看我国制造强国建设

制造业是国民经济的主体，是立国之本、强国之基。制造业质量是一个国家综合实力和核心竞争力的集中体现。党的十八大以来，以习近平同志为核心的党中央将做强实体经济、继续抓好制造业作为国家的重大战略选择，着力推动我国由制造大国向制造强国转变。我们要深刻领会习近平总书记关于发展实体经济特别是先进制造业的战略思想，按照党的十九大提出的总体要求和战略部署，主动应对其他国家的"再工业化"战略，加快建设制造强国，不断提高经济发展质量和效益。

一、全球制造业呈现大调整大重组、重构竞争优势新态势

2008 年国际金融危机爆发后，推动"制造业回归"和"再工业化"，是发达国家和新兴经济体应对金融危机的"胜负手"之一，是提升国际竞争力的关键。发达国家集中发力于高端制造

197

领域，新兴经济体则依靠低成本优势致力于建设新的"世界工厂"。全球制造业呈现出高低两端同时发力、分化组合、重构优势的新特征。但从全球看，"制造业回归"之路并不平坦，发达国家"去工业化"仍是大势难改。

制造业在全球范围呈现梯级发展态势。国际金融危机后，制造业成为技术创新的主战场，成为经济复苏和振兴的主战场，也成为重构国际分工体系的主战场。发达国家利用其雄厚的制造业基础和强大的技术创新能力，占据着高端制造业的领先地位，智能制造的推进速度和成果超乎想象。发达国家制造业最突出的核心竞争力在于产品承载着科技创新能力，研发活动聚焦于高科技领域。作为全球科技创新中心，美国在制造业基础及最前沿科技创新方面处于领先地位。紧随其后，英国、日本、德国、法国在制造业方面的优势地位也在不断巩固。新兴经济体在国际金融危机后整体上出现了实体经济不振的趋势，在新一轮制造业竞争中出现"脱实向虚"的势头。但部分新兴经济体特别是东南亚等一些发展中国家依托低要素成本，积极参与全球产业再分工，承接国际产业转移，中低端制造业向其转移明显，发展中国家与发达国家在制造业领域的分工格局正在加速重构。

发达国家将"制造业回归"作为应对危机的战略选择。国际金融危机后，世界经济深度调整，制造业发生了一场深刻变革。以信息网络技术加速创新与渗透融合为突出特征的新一轮科技革命和产业变革在全球范围孕育兴起，数字经济成为全球经济增长的重要驱动力。在这样的背景下，美欧各国纷纷推出"再工业化""制造业回归"等战略，试图以制造业的振兴摆脱危机，努力抢占新一轮产业竞争制高点。2009年以后，美国提出"制造业回归"战略，并采取了税收优惠、出口促进、降低能源成本、鼓励先进制造等措施，成为G7中唯一单位劳动成本下降的国家。2011—2016年，美国制造业人口每年增加约22万人，年均增长1.5%。从增加值看，美国制造业年均增长0.8%，虽然尚未恢复到危机前的水平，但已经出现明显改善。新兴市场国家也不甘落后，致力于发展制造业，如印度发布"印度制造"战略，将制造业作为立国之本。但总的来看，新兴市场国家普遍受全球市场萎缩的影响，出现了金融房地产业超过制造业、甚至超过的幅度明显扩大的现象。

"再工业化"难以改变发达国家"去工业化"的规律。尽管发达国家在"再工业化"方面付出很大努力，"制造业回归"在短期内取得了一定成效，但从长期看，发达国家服务业比重上升、工业比重下降的"去工业化"大势难改。作为先行工业化国家，多数发达国家经历了半个世纪以上的"去工业化"过程，工业尤其是制造业在国民经济中的比重不断下降。上世纪90年代后，伴随经济全球化和产业加速转移，这一过程持续推进。美、英、法、日、德五个发达国家服务业均维持2/3以上的比重，英国甚至达到80%，"去工业化"已成为发达国家产业结构演进的基本趋势。从危机后"再工业化"战略的核心任务看，发达国家的"再工业化"重点不是重振传统产业，而是大力发展高新技术产业，尤其是利用信息、生物、新能源等高新技术改造现有产业，发展能够支撑未来经济增长的高端产业，即聚焦产业升级换代。从新兴市场国家的情况看，金融危机加速了这些国家"脱实向虚"的趋势，一些国家掉入了工业化"未完成"而制造业比重"先降低"的陷阱。总之，发达国家的"制造业回归"虽然取得了一些成效，但这些努力尚不足以扭转制造业所占份额长期下降这一大势。

二、在国际制造业竞争新格局下，中国由制造大国迈向制造强国挑战与机遇并存

在全球范围内"制造业回归"浪潮中，发达国家高端制造"回流"与中低收入国家中低端制造"流入"同时发生，对我国形成"双向挤压"。同时，国际贸易中围绕高端制造业的博弈正在加强。我国制造业处于发展的重要历史关口，挑战大，机遇也大。

制造业持续快速发展是我国40年取得伟大成就的关键所在。我国的工业化历程是世界奇迹。改革开放40年来，制造业持续快速发展，我国已成为世界第一工业大国和第一制造大国。在500多种工业产品中，我国有220多种产量居世界第一，工业制成品出口约占全球1/7，是全球最大的工业制成品出口国。据联合国工业发展组织研究，改革开放初期中国制造业是美国的

1/10 左右，2015 年产值比美国高出 30%。1970—2012 年，第二产业占比均在 40% 以上，是当之无愧的第一大产业。2008 年以来，我国工业也出现增速换挡、结构优化、动能转换的新特点。2013 年服务业占比超过工业，但制造业内部结构优化，加快向中高端迈进，"制造业+互联网"方兴未艾，高技术产业和装备制造业快速增长，占比稳步提升。2017 年装备制造业和高技术产业同比增长 11.3% 和 13.4%，增速分别高于整个规模以上工业 4.7 个和 6.8 个百分点。

国际金融危机后我国工业及制造业比重下降偏快。伴随经济发展进入新常态，工业增速合理回落总体上是合乎规律的，但也要看到工业占比回落过快所表征的"脱实向虚"倾向。1991—2000 年，我国工业年均增长 13.6%，到 2016 年降为 6%，增速回落一半多。工业增速下降的同时，我国工业及制造业比重自 2006 年开始下降。2006—2016 年，工业占比 10 年间由 42% 降至 33.3%。与发达国家走过的历程相比，降速显然过快。制造业占比与金融保险和房地产业占比的差距，1990—2008 年在 23 个百分点左右，2016 年缩小为 11 个百分点。2013—2016 年，工业就业人数占比连续下降，从 30.3% 降至 29% 左右。当前我国工业相对地位下降，既有加快经济结构优化、转向服务主导型经济的正面因素，也有做实业太难、金融服务不到位等负面因素，值得警惕。

国际贸易中的制造业博弈对我国构成现实挑战。在国际贸易中，贸易是标，制造是本。当前国际贸易中出现的保护主义、单边主义，实质上是围绕制造业展开的一场博弈。发达国家试图通过实施贸易保护主义政策，长期保持制造业高端领域的竞争力，遏制后发国家跻身高端制造领域。这对我国正在由制造大国迈向制造强国、从贸易大国迈向贸易强国的进程，无疑构成了现实挑战，但也更加坚定了中国制造业走高质量发展道路、加速制造业产业升级的决心。制造业的核心技术是国之重器，要不来买不来讨不来，必须依靠自主创新，把关键技术掌握在自己手中，才能实现由大变强。

三、从国际视角看我国制造强国建设大力振兴实体经济，夯实立身之本

习近平总书记指出，实体经济是一国经济的立身之本，是财富创造的根本源泉，是国家强盛的重要支柱。我们要认真学习领会习近平总书记关于实体经济的重要论述，从建设现代化经济体系的战略高度，立足中国，放眼世界，大力发展实体经济，筑牢现代化经济体系的坚实基础。

紧紧抓住世界新一轮科技革命和产业变革同我国转变发展方式历史性交汇的机遇，推动我国制造业迈向价值链中高端。进入21世纪以来，新一轮科技革命和产业变革风起云涌，正在重构全球创新版图、重塑全球经济结构。新一代信息技术加速突破应用，生命科学领域孕育新的变革，融合机器人、数字化、新材料

的先进制造技术正在加速推进制造业向智能化、服务化、绿色化转型，新能源技术正在引发全球能源变革，空间和海洋技术正在拓展人类生存发展的新疆域。我国经过几十年发展，制造业增加值跃居世界第一位，形成了较为完备的工业体系和产业配套能力，培养了一批具有国际竞争力的优势产业和骨干企业，我国制造业已经具备了向高质量发展、向高附加值攀升的基础条件。我国产业发展的蓝图已经绘就，高新技术和战略性产业十大重点发展领域，是未来我国产业政策支持的重点。要利用"一带一路"建设、新一轮全面深化改革开放的历史机遇，将开放倒逼和合规支持更好地结合起来，促进我国高端制造业加快发展和整个工业转型升级。

汲取发达国家制造业演进特别是"去工业化"的历史经验和教训，进一步巩固制造业在国民经济中的支柱性地位。作为一个大国，我们任何时候都要坚持制造业在国民经济中的支柱性地位。既要顺应产业结构演进大势，更加精准地促进服务业尤其是现代服务业发展，也要珍惜和发挥我国制造业大国优势和形成的产业基础，争取我国制造业占比在 2035 年以前都保持在 20% 以上。要更好地发挥我国工业门类齐全、制造业能力全球第一的宝贵优势，保障我国现代化进程中的经济安全。

推动资源要素向实体经济集聚，更好发挥金融业、生产性服务业对先进制造业的支撑作用。按照党的十九大提出的着力加快建设实体经济、科技创新、现代金融、人力资源协同发展的产业体系的要求，处理好产业资本与金融资本关系。切实放宽中小银行准入，扩大直接融资比重，扩大金融业开放，拓宽中小企业融资渠道，打通资金与企业的"最后一公里"。引导社会资本投入高新技术制造业，以金融高效率提升制造效率，增强国际竞争力，加快从制造大国迈向制造强国。我国改革开放以来服务业发展迅速。从发达国家经验看，工业化进程中产业升级的方向，不是单纯的提升服务业比例，而是重在实现制造业与生产性服务业的相互促进。19 世纪中叶以来，美国以"专业和商业服务"为代表的生产性服务业一直快速发展，占比从 1950 年的 3.5%升至 2016 年的 12.4%，而目前我国生产性服务业仅占 8%左右，发展空间很大。要积极推动技术、资金、人才、服务向实体经济汇集，加快我国制造业由大变强，这是推动现代化经济体系建设的必由之路。

（本文发表于《求是》2018 年第 13 期）

推动新时代区域高质量发展的
理论创新和行动指南

党的十八大以来，习近平总书记站在新时代高度，以宽广的视野和应对百年未有之大变局的胸怀，就区域经济发展发表了一系列重要论述。这些论述，特别是 2019 年 8 月 26 日习近平总书记在中央财经委员会第五次会议上的讲话，科学总结了区域经济发展的客观规律，系统阐释了区域经济发展的基本趋势，充分反映了我国区域经济发展的时代要求，是我们党统筹区域发展的最新认识，是新时代推动形成优势互补、高质量发展的区域经济布局的理论遵循和行动指南，我们要认真学习领会，坚决贯彻落实。

一、习近平总书记关于区域协调发展的重要论述是我们党统筹区域发展的最新科学认识

我国幅员辽阔，人口众多，统筹区域发展是历代党中央领导

集体的战略考量。为了迅速恢复国民经济，在相对落后的基础上加快我国工业化进程，1956年毛泽东同志发表《论十大关系》，提出要正确处理沿海工业和内地工业的关系，指出"好好地利用和发展沿海的工业老底子，可以使我们更有力量来发展和支持内地工业。如果采取消极态度，就会妨碍内地工业的迅速发展"。在这一思想的指导下，第一个五年计划期间，沿海省份的工业有了长足发展，北京、上海、天津、青岛、大连、广州等沿海城市成为我国重要工业基地，为国民经济的恢复和发展起到了重要支撑作用。

从上世纪60年代初开始，我国外部环境恶化，中苏交恶、台湾海峡战云密布、越南战争扩大，出于备战和建立战略后方的需要，结合"三五"计划的研究和制定，党中央作出了"三线"建设重大决策。毛泽东同志指出"新的工业大部分应当摆在内地，使工业布局逐步平衡"。"三线"建设是我国区域经济布局的一次重大战略调整，改善了我国工业的战略布局，加快了西北、西南和湘西、桂北、鄂西、豫西等内陆落后地区的经济发展和科技文化进步，奠定了内陆地区的工业化基础。

上世纪70年代末，国际局势出现缓和，和平与发展成为时代主题，我国发展的外部环境发生重大变化。同时，我们党重新确立了实事求是的思想路线，走上了改革开放的道路。为了更好发挥沿海地区的区位优势，党中央实施东部沿海地区率先开放的战略举措。作为党中央第二代领导集体的核心，邓小平同志先后提出"一部分地区先发展起来"的思想和"两个大局"战略构想。从 1979 年起，中央先后批准设立了深圳、厦门、珠海、汕头等 4 个经济特区，以及 14 个沿海开放城市和 5 个沿海经济开放区，形成了由点到线、由线到面、由南到北的带状开放地带。开放带动改革，改革开放激发了整个国家的发展潜力，推动了上世纪后 20 年整个国民经济的持续快速发展。

上世纪 90 年代中后期，党中央在继续推动沿海地区改革开放的同时，着手考虑如何按照邓小平同志"两个大局"的战略构想，谋划中西部地区的加快发展。1995 年，江泽民同志发表《正确处理社会主义现代化建设中的若干重大关系》重要文章，专门把"东部地区和中西部地区的关系"作为我国现代化建设中应正确处理的十二个重要关系之一加以阐述，强调"解决地区发展差距，坚持区域经济协调发展，是今后改革和发展的一项战略任务"。1999 年，中央正式推出西部大开发战略。这一战略的实施，极大地推动了西部地区基础设施建设、特色产业发展和生态文明进步，极大地改变了西部地区的经济和社会面貌。此后，以胡锦涛同志为总书记的党中央着眼于区域协调发展，又相继推出了振兴东北等老工业基地战略和促进中部崛起战略，逐步形成了深入推进西部大开发、全面振兴东北地区等老工业基地、大力促进中部地区崛起、鼓励支持东部地区率先发展的区域协调总体战略，以落实"两个大局"中的"第二个大局"构想。

进入本世纪以来的第二个 10 年，我国现代化进入了新的历史阶段，发展的环境和条件发生了深刻而重大的变化。从外部看，世界经历百年未有之大变局，提升我国科技和产业全球竞争力的要求空前迫切，急须培育形成带动全国高质量发展的新动力源，以更好应对国际上日趋激烈的国家综合实力竞争。从内部看，我国社会生产力水平不断提高，但发展不平衡的问题再次凸显，在东中西差距依然存在的情况下又出现了引人注目的南北经济分化问题，部分老工业基地和资源枯竭型地区转型发展也面临不少新的困难和挑战，亟须按照客观规律调整完善区域政策体系，推动形成优势互补、高质量发展的区域经济布局。

面对新的形势和挑战，以习近平同志为核心的党中央顺应新时代高质量发展要求，洞悉新时代区域发展的规律，抓住新的发展格局中的关键地域，先后部署实施了京津冀协同发展、长江经济带发展、粤港澳大湾区建设、长三角一体化发展等新的区域发展战略，在新的实践中形成了党关于统筹区域协调发展的最新认识。这些新认识集中体现在习近平总书记 2019 年 8 月 26 日在中央财经委员会第五次会议上的重要讲话之中，他强调："新形势下促进区域协调发展，总的思路是：按照客观经济规律调整完善区域政策体系，发挥各地区比较优势，促进各类要素合理流动和高效集聚，增强创新发展动力，加快构建高质量发展的动力系统，增强中心城市和城市群等经济发展优势区域的经济和人口承载能力，增强其他地区在保障粮食安全、生态安全、边疆安全等方面的功能，形成优势互补、高质量发展的区域经济布局。"

习近平总书记关于统筹区域高质量发展的论述思想深刻，内涵广博，是习近平新时代中国特色社会主义思想的重要组成部分。这些论述阐明了新时代促进区域协调发展的基本路径是遵循客观规律，发挥比较优势。习近平总书记强调："产业和人口向优势区域集中，形成以城市群为主要形态的增长动力源，进而带动经济总体效率提升，这是经济规律。"尊重客观规律，就是充分发挥各地区的比较优势，形成以比较优势为基础、各展所长、优势互补的区域经济布局，就是充分发挥市场在资源配置中的决定性作用，促进各类生产要素合理流动和高效集聚，就是推动经济发展条件好的、要素利用效率高的地区承载更多产业和人口，发挥高质量发展的增长极作用。其他地区则强化保障粮食安全、生态安全、边疆安全的功能，优势互补，各展其长，各得其所。

这些论述阐明了新时代促进区域协调发展的宗旨是形成一批带动全国高质量发展的新动力源。习近平总书记指出："我国经济由高速增长阶段转向高质量发展阶段，对区域协调发展提出了新的要求。不能简单要求各地区在经济发展上达到同一水平，而是要根据各地区的条件，走合理分工、优化发展的路子。要形成几个能够带动全国高质量发展的新动力源，特别是京津冀、长三角、珠三角三大地区，以及一些重要城市群。"

这些论述阐明了新时代促进区域协调发展的根本方法是统筹兼顾。习近平总书记要求，各地各部门要运用系统论的方法，正确把握自身发展和协同发展的关系，从实际出发，宜水则水、宜山则山，宜粮则粮、宜农则农，宜工则工、宜商则商，积极探索富有地域特色的高质量发展新路子。

这些论述阐明了新时代促进区域协调发展的根本保障是深化改革和完善治理体系。习近平总书记强调，要从多方面健全区域协调发展新机制，形成全国统一开放、竞争有序的商品和要素市场，尽快实现养老保险全国统筹，改革土地管理制度，完善能源消费双控制度，全面建立生态补偿制度，完善财政转移支付制度。

二、习近平总书记关于区域协调发展的重要论述是推动形成优势互补高质量发展区域经济布局的理论遵循和行动指南

习近平总书记关于区域经济的重要论述，来源于十八大以来党中央推动区域协调发展的伟大实践，是我们党对区域发展的最新理论成果，必将对我国新时期区域经济的协调发展、高质量发展发挥极其重要的导向和指南作用。

这一理论成果是对我国新时代区域战略布局的系统谋划。2020年我国将如期全面建成小康社会，实现第一个百年奋斗目标，在此基础上，我国将开启全面建设社会主义现代化强国新征程。走稳走好这一新征程，就要对我国经济社会发展的各个领域进行新的科学谋划，做好区域经济发展方面的战略谋划更是重中之重。正如习近平总书记所指出的，"我国幅员辽阔、人口众多，各地区自然资源禀赋差别之大在世界上是少有的，统筹区域

发展从来都是一个重大问题"。以习近平总书记 2019 年 8 月 26 日讲话为主要代表的区域经济重要论述，科学回答了新时代推动形成高质量发展的区域经济布局的宗旨目标、总体思路和重大举措，是制定"十四五"和更长时期区域发展规划和政策的根本遵循。

这一理论成果是培育竞争新优势、应对百年未有之大变局的根本大计。习近平总书记指出，"放眼世界，我们面对的是百年未有之大变局"。这一大变局，是新一轮科技革命和产业变革带来的生产生活方式和国家竞争形态之变局，是全球化背景下世界经济重心东移带来的国际权力和国际秩序之变局。因应这一巨变，欧美大国凭借科技方面的雄厚基础，加大科技创新力度，纷纷推出新的科技创新、产业发展等方面的战略，力图保持和扩大竞争优势，抢占未来发展制高点。新兴工业化国家也竞相推出新的经济赶超战略，力图在新技术革命的浪潮中实现跨越式发展。我国要在这一大变局中赢得主动，要在日趋激烈的国际竞争中占得先机，就必须认真贯彻习近平总书记的重要指示，充分发挥中心城市和城市群创新能力强、集聚效应和规模效应显著的优势，把这些中心城市和城市群打造为新技术、新产业、新模式、新业态的策源地，打造为参与国际竞争的重要空间依托。

这一理论成果是推动区域高质量发展的基本依据。我国幅员辽阔，各地资源禀赋、区位条件和发展基础差异较大，推动区域高质量发展必然要求明确各地的优势，进行合理分工，进而提高要素空间配置效率。要达到这样的目的，就要按照中央的战略安排，将国土空间划分为优化开发、重点开发、限制开发和禁止开发四类主体功能区，进一步完善和落实主体功能区战略，细化主体功能区划分，按照主体功能定位明确政策导向，推动形成主体功能约束有效、国土开发有序的空间发展格局。

这一理论成果是市场经济条件下推动各地深化合作的行动指南。几十年来，地区之间的竞相发展是我国经济不断跨上新台阶的强劲动力。但也要看到，这种竞争在推动各地快速发展的同时，也不同程度地带来了低水平重复建设、低效率资源利用等问题。随着我国经济转向高质量发展阶段，地区之间要发挥好比较优势，形成合理分工的新布局，就必须按照习近平总书记的明确要求，"把自身发展放到协同发展的大局之中，实现错位发展、协调发展、有机融合，形成整体合力"。

这一理论成果是推动各地城乡居民共享发展成果的重要指针。对于一个人口大国来说，发展不平衡问题将伴随国家现代化的整个过程。作为一个社会主义国家，我们既要充分发挥各地比较优势，在合理分工中实现高质量发展，又要高度重视区域之间基本公共服务的均等化，确保全国各族人民基本同步实现全面小康，进而基本同步过上现代化的富足美好生活。这就需要认真落实习近平总书记特别强调的区域协调发展要保障民生底线，按照"区域协调发展的基本要求是实现基本公共服务均等化，基础设施通达程度比较均衡"的要求，确保不同地区的城乡居民在国家现代化的新征程中共享发展成果。

三、把习近平总书记区域协调发展的重要指示全面落实到推动形成区域经济新布局的实践之中

中国特色社会主义进入新时代，我国区域发展也面临着新形势、新挑战、新要求和新任务。推动区域协调发展，形成优势互补、高质量发展的区域经济布局，必须把习近平总书记的重要指示落到实处。

要通过深化改革，破除资源流动的显性和隐性壁垒，加快形成全国统一开放、竞争有序的商品和要素市场，真正使市场在生产要素跨区域配置中起决定性作用。通过多年的改革，我国产品和要素在空间上流动的自由度和便利性明显提高，但是阻碍要素流动的制度壁垒依然存在。从土地要素来看，我国城乡土地制度二元分割特征依然明显，农村集体建设用地和宅基地的转让、交易、抵押仍有诸多限制，土地要素跨区域市场配置仍然面临不少障碍。从劳动力要素来看，由于受户籍制度、公共服务体制不健全等因素的影响，劳动力在城乡间、区域间不能完全自由流动，进城务工的农民工还没真正获得市民待遇。在产品市场领域，一些地方政府对外来企业、商品和服务设置歧视性市场准入限制，在招投标、采购、项目审批等方面向本地企业倾斜，为本地企业提供各类政府补贴、隐性担保。要建立起优势互补的区域经济布局，就需要进一步深化土地、户籍、公共服务等领域的改革，加

快清理废除现有政策中涉及地方保护、指定交易等方面的内容，加快制定统一协调的市场规则和执法体系，加快形成全国统一而公平的要素市场和商品市场。

要加快转变政府职能，进一步减少政府对资源的直接配置，更好发挥政府在规划统筹、政策协调、深化合作方面的作用。在区域经济发展中要发挥市场配置资源的决定性作用，同时也要更好发挥政府作用。要按照中央既定的部署，深化"放管服"改革，制定和落实权力清单、责任清单和负面清单，厘清政府与市场、政府与社会的权责边界，为市场引导生产要素在空间上的有序流动创造充分的条件。同时，要加强不同区域之间、不同层级之间区域规划的协同性，有效发挥规划在要素空间优化配置上的先导性作用，以实现区域间分工发展、互补发展、联动发展。在企业登记、土地管理、环境保护、投融资、财税分享、人力资源管理、公共服务等领域加强政策协同，提高政策的统一性和规则的一致性。要优化区域合作机制，推动各地特别是相邻地区在基础设施、生态环境治理、产业发展、创新等方面开展更加深入有效的合作，实现协同发展、共同发展。

要以优化空间发展格局为导向，进一步提高既有发展优势地区的能级，培育发展新的优势地区，更好发挥中心城市和城市群的引领带动作用。要更好地实施主体功能区战略，从区域的主体功能出发，制定更加清晰和完备的区域产业政策。要促进主体功能区战略与中心城市发展战略对接，更加注重发挥中心城市和城市群的龙头带动作用，将其打造为要素优化配置枢纽、产业高质量发展服务平台和创新辐射中心，真正成为区域发展新的增长动力源。对于维护国家国防安全、粮食安全、生态安全、能源安全、产业安全具有重大战略意义的区域，要加大政策支持力度，使之切实履行好相关功能。

要坚持生态优先、绿色发展，妥善处理好经济发展和生态环保的关系，严守生态红线，对生态功能区域实行更加有效的保护。党的十八大以来，我国环境保护和生态文明建设取得了长足进步，但生态环境保护面临的形势依然十分严峻。构建区域经济新布局，要切实体现新发展理念，注重绿色发展。中心城市、城市群等优势地区的发展要与区域资源环境承载力相匹配，要避免资源要素过度集聚导致的"大城市病"。生态功能重要的地区，要以保护生态、涵养水源、创造更多生态产品作为发展的重点，推进实施一批重大生态保护修复和建设工程。在区域生态治理中要坚持系统观、全局观，实施综合治理、系统治理、源头治理，不同区域要加强环境保护、生态治理的协同配合，形成治理合力。

要守好民生底线，坚持共享发展，加快推进基本公共服务均等化，采取有效措施缩小民生领域的区域差距。我国中西部和东北地区是我国劳动力、资源、能源等生产要素的输出地，承担着繁重的生态支撑功能、社会稳定功能和国家安全功能，但是这些地区的城乡居民所享受的公共服务水平与东部沿海地区还存在较

215

大差距。中西部和东北地区内部的中心城市和小城镇之间、城市和乡村之间在居民基本公共服务上的差距也还不小。形成高质量发展的区域经济新布局，要把基本公共服务均等化作为重要抓手，加快推进基本公共服务标准化建设和管理，以标准化促进基本公共服务均等化、普惠化、便捷化。要统筹考虑经济社会发展水平、城乡居民收入增长等因素，逐步提升欠发达地区的教育、健康、养老等基本公共服务保障水平。开展公共服务保障区域协作联动，创新跨区域公共服务便利共享机制，推动优质公共服务在更大区域范围内共享。

要持续完善区域发展成本分担和利益共享机制，为推动区域协调发展新格局构建有力的激励机制和制度。为使中央促进区域协调发展各项既定部署有效落地，必须为各地形成发展合力提供有力、可持续的制度保障，核心是提供激励协同的成本分担和利益共享机制。要在优化中央和地方财权事权关系的基础上，进一步完善财政转移支付制度。根据新时期发展的需要，合理确定中央支出比重，加快建立健全按照常住人口规模配置公共服务的机制，健全财政转移支付同农业转移人口市民化挂钩的政策，对重点生态功能区、农产品主产区、困难地区提供有效转移支付。要加快推进养老保险全国统筹进度，及早在全国范围内实现制度统一和区域间互助共济，以方便全国范围内的人员流动。要健全市场化、多元化的区际生态补偿机制，鼓励流域上下游之间开展资金、产业、人才等多种补偿，以形成绿色发展的正向激励。

习近平总书记关于区域协调发展的重要论述，内容丰富，内涵深刻，立意高远，常学常新，常思常进。我们要把学习贯彻这些重要指示作为一项长期任务，并全面落实到区域经济发展的实践之中，推动我国尽快形成优势互补、高质量发展的区域经济布局，为实现"两个一百年"奋斗目标和中华民族伟大复兴的中国梦作出更大贡献！

（本文发表于《中国经济时报》2020 年 2 月 6 日）

后 记

　　在国务院发展研究中心和国家行政学院期间，为学习贯彻习近平总书记提出的以人民为中心的发展思想和创新协调绿色开放共享的新发展理念，推动构建新发展格局、实现高质量发展，我相继组织和撰写了一系列学习文章。在相关文章写作过程中，侯永志、赵昌文、宋紫峰、杨正位、谢振东、李建伟、王微、刘涛、兰宗敏、马海龙等同志做了许多工作，沈俊杰、王磊两位秘书承担了一些文稿打印任务。谨向这些同事致以衷心感谢。本书能够在人民出版社出版，离不开辛广伟总编辑的慧眼拔擢和余平同志的精心编辑。文稿结集出版前相继在《人民日报》《光明日报》《中国经济时报》和《求是》《管理世界》《经济研究》等报刊刊发过，非常感谢上述报刊提供版面、精心编辑和允准出版。当然文稿中的疏漏甚至错误之处，自当由我承担，还望各位读者指正。

2021 年 12 月

责任编辑:余　平
封面设计:姚　菲

图书在版编目(CIP)数据

新发展理念是新时代经济工作的根本指针/马建堂 著. —北京:
　人民出版社,2022.1
ISBN 978－7－01－024529－4

Ⅰ.①新… Ⅱ.①马… Ⅲ.①中国经济-经济发展-文集 Ⅳ.①F124-53

中国版本图书馆 CIP 数据核字(2022)第 021697 号

新发展理念是新时代经济工作的根本指针

XINFAZHAN LINIAN SHI XINSHIDAI JINGJI GONGZUO DE GENBEN ZHIZHEN

马建堂　著

人民出版社 出版发行
(100706　北京市东城区隆福寺街 99 号)

北京盛通印刷股份有限公司印刷　新华书店经销

2022 年 1 月第 1 版　2022 年 1 月北京第 1 次印刷
开本:710 毫米×1000 毫米 1/16　印张:14
字数:138 千字

ISBN 978－7－01－024529－4　定价:58.00 元

邮购地址 100706　北京市东城区隆福寺街 99 号
人民东方图书销售中心　电话 (010)65250042　65289539